안아주기

박영랑

경북 상주에서 태어나 영어교육학을 전공하였다. 중학교 교사로 4년, 고등학교 교사로 11년, 그리고 대형 학원 강사로 11년째 근무 중이다. TEPS 특별시험 1위, TOEIC 만점, 시 교육청 '수업 잘하는 교사' 포상, 중앙일보 영어의 신 최고 레벨을 기록한 그는 TESOL 과정을 수료한 영어 교육 전문가이다. 박영랑 작가는 영화 속 명대사를 MP3 파일로 추출하여 영어 수업에 활용하는 프로젝트를 오랜 기간 진행해왔으며, 현재 1,000여 편 이상의 영화 자료와 600여 곡의 음악(팝송, 클래식 등)을 활용한 그의 수업은 높은 강의 평가를 받고 있다. 꿈을 좇는 보통사람으로서, 굴곡이 적지 않았던 인생. 그 여정 위에서 위로와 희망을 찾은 순간들을 독자들과 나누고자 한다.

안아주기

50편의 영화 대사가 들려주는
용기와 희망의 메시지

박영랑 지음

INTRO

남자가 칭찬을 해 주겠다며 말합니다. 그는 평소 약 먹는 것을 정말 싫어하지만 그저께 그녀에게 서운한 말을 전해 듣곤 바로 다음 날부터 약을 먹기 시작했다는 것. 그녀는 도대체 어떻게 그게 칭찬이 되는지 모르겠다고 불평하죠. 잠시 후 그는 말합니다.

"당신은 내가 더 나은 남자가 되고 싶도록 만들어요."
"You make me want to be a better man."

시간이 지나 다시 함께한 그들. 남자는 칭찬을 해 주겠다 말합니다. 식당에서 일하며 음식을 가져다주고 테이블을 정리하는 그녀를 보고도 사람들이 이 세상 최고의 여성을 만나고 있다는 사실을 모른다는 것. 그는 말합니다.

"나는 그걸 알고 있다는 사실에 기분이 좋아져요… 내 자신에게."
"The fact that I get it makes me feel good… about me."

영화 〈이보다 더 좋을 순 없다(As Good As It Gets)〉(1997)에서 제가 정말 좋아하는 두 장면입니다. 강박증이 있는 저와 식당 일을 하는 아내. 왠지 우린 그들과 닮았다는 생각이 들었습니다. 어눌한 말솜씨로 인해 감정을 전하는 것이 참 서투른 저이지만, 아내를 위해 더 잘해보고 싶은 마음과 제게 있어 그녀는 세상에서 최고의 여성임을, 영화 속 주인공의 언어를 빌려, 온전히 표현할 수 있어서 행복했습니다.

  친구의 위로, 연인의 따스함, 그리고 때론 스승의 깨우침으로 결코 쉽지 않았던 세월의 여정을 버티고 이겨 낼 수 있도록 함께해 준 영화. 이제 그 인생 장면의 첫 장을 열어 드립니다.

목차

INTRO　　　　　　　　　　　　　　　　　　　　　　　　4

A SIDE 끌어안기 | 현실, 긍정, 수용

1. **The Adam Project (아담 프로젝트)**　　　　　　　　12
   슬퍼하는 것보다 미워하는 것이 쉬운 우리

2. **Black Widow (블랙 위도우)**　　　　　　　　　　　20
   고통은 우리를 더 강하게 만들 뿐!

3. **Ready Player One (레디 플레이어 원)**　　　　　　　26
   끔찍하고 고통스럽지만,
   그래도 밥 한 끼 건네는 친구는 현실(Reality)밖에 없습니다

4. **Judy (주디)**　　　　　　　　　　　　　　　　　　35
   실망하지 마세요 꿈을 향해 걷는 것만으로도 충분하니까요

5. **Wonder (원더)**　　　　　　　　　　　　　　　　　39
   우리 얼굴의 상처와 주름은 결코 흉하지 않습니다

6. **Spirited (크리스마스 스피릿)**　　　　　　　　　　44
   내가 정말 달라질 수 있을까?

7. **Saving Private Ryan (라이언 일병 구하기)**　　　　51
   EARN을 '돈 벌다'로만 생각하면 NO

8. **Eat Pray Love (먹고 기도하고 사랑하라)**　　　　　56
   완전히 무너져 내리셨나요? 그건 선물입니다

9. **Cast Away (캐스트 어웨이)**　　　　　　　　　　　61
   모든 희망이 사라져도 할 수 있는 것 그리고 해야 하는 것

10. Spider-Man: No Way Home (스파이더맨 노 웨이 홈)   70
큰 능력에는 반드시 큰 책임이 따릅니다

B SIDE 일어나기 | 가슴의 소리, 용기

11. Rocky IV (록키 IV)   78
포기하고 싶은 순간, 꼭 기억해야 할 한 가지

12. Legends of the Fall (가을의 전설)   85
가슴의 소리를 듣는 순간 우린 전설이 된다

13. The Lord of the Rings: The Fellowship of the Ring   89
(반지의 제왕: 반지 원정대)
후회하는 당신을 향한 마법사의 제안

14. Molly's Game (몰리의 게임)   95
당신은 처참하게 무너질 준비가 되어 있습니까?

15. Batman Begins (배트맨 비긴즈)   100
우리가 삶 속에서 넘어지는 이유

16. Green Book (그린 북)   105
우리를 바꾸고 세상을 구원하는 '이것'

17. Temple Grandin (템플 그랜딘)   112
당신을 위한 새로운 세상을 여는 문

18. Toy Story IV (토이 스토리 IV)   117
우디(Woody)가 주인공이 될 수밖에 없는 이유

19. Sing II (씽 II)   121
   남들이 말하는 것이 전부라고 믿는 당신께

20. About Time (어바웃 타임)   127
   어쩌면 오늘이 완벽한 날이 될지 몰라요

C SIDE 멀리보기 | 희망, 믿음

21. Free Guy (프리 가이)   136
   NPC(배경 캐릭터)로만 살기엔 너무 짧은 인생

22. Ratatouille (라따뚜이)   144
   위대한 예술가는 아무나 되는 게 아니다?

23. Ford v Ferrari (포드 v 페라리)   152
   우리 눈앞에 있는 Perfect, 보이세요?

24. Imitation Game (이미테이션 게임)   156
   남들이 무시하는 게 신경 쓰이시나요?

25. The Suicide Squad (더 수어사이드 스쿼드)   161
   쥐들도 목적을 가지고 사는데… 우리는?

26. Just Mercy (저스트 머시)   165
   희망을 버리는 것은 정의를 버리는 것

27. The Express (더 익스프레스)   170
   중요한 것은 무엇을 위해 하느냐입니다

28. Kung Fu Panda (쿵푸 팬더)   174
   꿈을 이루기까지 필요한 나머지 2%는?

29. Frozen II (겨울왕국 II)   183
   앞이 캄캄하고 아무것도 보이지 않을 때

30. The Shawshank Redemption (쇼생크 탈출)   188
희망은 우리를 자유롭게 해 주는 진리입니다

D side 나아가기 | 결단, 행동/실천

31. Dune (듄)   196
하기 싫은 마음과 상관없이 해내는 방법

32. Papillon (빠삐용)   201
인간이 저지를 수 있는 가장 끔찍한 범죄는?

33. Risen (부활)   207
그 모든 것이 마음의 평화를 위해서라면… 다른 길은 없을까요?

34. No Time to Die (노 타임 투 다이)   214
세상에 존재하는 것만으로 만족하시나요?

35. Forest Gump (포레스트 검프)   218
바보? 똑똑? 행동하기 나름이죠

36. Iron Man (아이언 맨)   222
당신의 소중한 삶을 낭비하지 마세요

37. Bad Boys for Life (나쁜 녀석들: 포에버)   228
당신은 지금 어디로 가고 있나요?

38. Finch (핀치)   233
위기의 순간 우리에게 주어지는 선택

39. Men of Honor (멘 오브 오너)   238
우리 삶이 그냥 지나쳐 버리지 않도록

40. Top Gun Maverick (탑 건 매버릭)   242
생각은 이제 그만, 지금은 행동해야 할 때

E side 함께하기 | 가족, 행복, 사랑

41. Life of Pi (라이프 오브 파이)   250
　　무심코 지나치면 후회하는 순간들

42. Don't Look Up (돈 룩 업)   257
　　마지막 순간, 함께하는 것은 가족입니다

43. Avatar I, II (아바타 I, II)   262
　　가슴 따뜻한 사랑의 인사 'I SEE YOU'

44. Pinocchio (피노키오)   267
　　차가운 말 속에 숨겨진 진심

45. P.S. I Love You (P.S. 아이 러브 유)   272
　　우리는 결코 혼자가 아닙니다

46. Interstellar (인터스텔라)   277
　　나밖에 보이지 않는 공감의 세계?

47. Yesterday (예스터데이)   282
　　지금 이 순간 행복함을 느끼는 당신은 이미 성공한 사람

48. Soul (소울)   287
　　다시 살 기회를 얻은 당신, 어떻게 사실래요?

49. The Wizard of Oz (오즈의 마법사)   297
　　행복의 파랑새를 찾아 먼 여행을 준비하는 당신에게

50. A River Runs Through It (흐르는 강물처럼)   303
　　완전한 이해가 없어도 가능한 완전한 사랑

EPILOGUE   311
작가 인터뷰   313

A side

끌어안기
현실, 긍정, 수용

1
The Adam Project
아담 프로젝트

<아담 프로젝트(The Adam Project)>(2022)

슬퍼하는 것보다
미워하는 것이 쉬운 우리

올해를 마지막으로 국내 프로야구 현역에서 은퇴하는 추신수 선수가 미국 메이저리그에서 지독한 슬럼프로 많은 팬들의 비난에 시달리던 때, 그는 멘토였던 어느 스님의 말씀을 통해 큰 위로를 받고 다시 힘을 낼 수 있었다고 합니다.

   고함치며 요란스레 비난하는 사람들이 떠나고 나면 그들에게 가려져 보이지 않던, 조용히 뒤에서 마음으로 응원하는 분들이 있음을 비로소 알게 된다는 것. 정말 감동이 되는 글이었습니다.

   하지만 아이돌, 배우, 운동선수, 유튜버 등 앞날이 창창한 소중한 생명들이 삶의 꽃을 다 피우기도 전에 우리 곁을 떠났다는 소식을 접하게 되는 요즘엔 어쩐지 이런 이야기가 낯설게 느껴집니다.

   미움과 증오로 가득한 악플에 시달리며 괴로워했던 그들. 그들을 죽음으로 몰았던 무서운 혐오의 감정들은 도대체 어디서 온 것일까요?

   영화 〈아담 프로젝트(The Adam Project)〉(2022)를 소개합니다.
어떤 임무를 위해 시간여행을 하던 중 2022년의 세상에 불시착한 아담이 그 곳에서 의도치 않게 만난 어린 시절 자신과 함께, 세상을 구하기 위해 팀을 이루게 되고, 이후 전개되는 이야기.

> I think it's easier to be angry than it is to be sad.
> And I guess when I get older, I forget that there's a difference.
> 슬퍼하는 것보다 화를 내는 게 더 쉬운 것 같아.
> 그리고 나이가 들면서, (슬픈 것과 화내는 것 사이에) 차이가 있다는 걸 잊어버리게 되나 봐.
>
> - <아담 프로젝트(The Adam Project)>(2022)

성인 아담은 단순히 어릴 때 돌아가셨다는 이유만으로 아버지를 미워하며, 또 그 이유로 아버지가 자신을 위해 쏟았던 애정 어린 노력까지도 외면하여 왜곡된 추억을 갖고 있었습니다. 그런 성인 아담을 어린 아담이 깨우쳐 주는 장면입니다.

성인이 된 아담이 아버지에 대해 가지고 있었던 미움은 사실 그리움의 변형이었습니다. 상실의 슬픔과 고통을 견디지 못해 그가 선택한 미움의 감정… 그러다 시간이 흐르면서 그 미움이 슬픔이었다는 사실도 마침내 잊어버리고야 만 것이었죠. 이 장면 끝부분에서 스치듯 주고받는 대화를 듣고 잠시 생각에 잠깁니다.

> Adam : How'd you get to be so smart?
> 성인 아담 : 넌 어떻게 그리 똑똑해졌어?
> Young Adam : How'd you get to be so dumb?
> 어린 아담 : 넌 어떻게 그리 바보가 된 거야?
>
> - <아담 프로젝트(The Adam Project)>(2022)

미움과 증오, 그리고 혐오가 이토록 넘쳐나는 세상.

혹시, 우린…마음속 깊이 간직하고 있는 아쉬움, 그리움, 아련한 슬픔이 무서운 감정으로 변하고 있는 것을 깨닫지 못한 채, 어느새 어린 아담이 안타까워하는 모습으로, 우리 어린 시절의 자아가 안타까워하는 모습으로 변해 버린 것일까요?

Wait A Minute

소설가 김영하 님은 TED 강연 '예술가가 되자, 지금 당장!'에서 TV에 나오는 연예인들을 질투하는 우리의 자화상을 보여 줍니다. 우리가 정말 하고 싶지만, 삶의 이런저런 이유로 하지 못하는 것들을, 칭찬까지 받으며 마음껏 하는 그들을 보면서 우리가 맹렬히 시기하고 질투한다는 것. 그는 이 모든 것이 애초에 우리의 사악함이 아닌 우리 마음속에 갇혀 있는 어린 예술가들 때문이라고 지적합니다.

자신의 예술적 영혼을 마음껏 표현하지 못하는 아쉬움과 안타까움이 슬픔의 경계를 넘어 미움과 증오로까지 번진다는 것이죠. 그래서 김영하 님은 우리 자신만의 가능한 방식과 형태로 모두 예술가가 되어 표현하는 것을 강권합니다. 숨기고 감추기보다, 슬픔과 기쁨, 그리움과 아쉬움을 표현하고 드러내어 보여 주는 것의 절실함! 휴스턴대학교 사회복지대학원 교수 브레네 브라운(Brene Brown)이 TED 강연 '수치심에 귀 기울이기(Listening to Shame)'에서 전하는 메시지가 같은 울림으로 다가옵니다.

> If we're going to find our way back to each other,
> vulnerability is going to be that path.
> 우리가 서로에게 다시 향하는 길을 찾으려 한다면,
> vulnerability가 그 길이 될 것입니다.
>
> - 브레네 브라운(Brene Brown)

* vulnerability: 물리적으로 혹은 정서적으로 상처를 받을 수 있는 상황에 노출되는 것 혹은 노출된 상태

우리 사회가 필요로 하는 공감(empathy)과 연결(connection)을 위해서는 우리가 가진 연약함, 그 취약하고 상처받기 쉬운 마음, 즉 vulnerability를 솔직하게 드러

내고 표현하는 용기가 필요함을 그녀는 강조합니다.

 그렇다면 상실의 아픔, 멀어진 꿈이 남긴 좌절, 누군가에게서 받은 마음의 상처는 지금 이 순간도 기다리고 있는 것이 아닐까요? 미움과 혐오, 시기와 질투로 마구 쏟아내는 욕설과 악플이 아닌, 따뜻한 눈으로 세상을 마주 보며 조심스럽지만 진심을 담아 내미는, 우리의 스토리텔링(story telling)을 말입니다.

 * 이 책은 세상을 향해 조심스레 내미는 제 삶의 작은 이야기와 깨달음, 그 스토리텔링입니다.

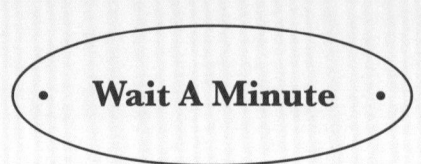

영화 중간 부분, 물리학의 문제 해결이란 것이 우리의 생각보다 훨씬 더디게 이루어지는 것을 가리키며, 캐나다 가수 가이 롬바도(Guy Lombardo)의 1949년 노래, 'Enjoy Yourself (It's Later Than You Think)'가 언급되는 장면이 있습니다.

> You work and work for years and years, you're always on the go
> 당신은 몇 년을 두고 계속 일하며, 항상 바쁘죠.
> You never take a minute off, too busy makin' dough
> 당신은 돈을 버느라 너무 바빠 쉬지도 않죠.
> Someday, you say, you'll have your fun, when you're a millionaire
> 당신은 말하길, 언젠가, 백만장자가 되면 재미있게 살 거라 말합니다.
> Imagine all the fun you'll have in your old rockin' chair
> 당신의 낡은 흔들의자에서 누릴 모든 재미란 걸 생각해 보세요
> Enjoy yourself, it's later than you think
> 즐겁게 사세요, 그건 당신이 생각하는 것보다 더 나중이니까요.
>
>   - Enjoy Yourself (It's later Than You Think) 중에서

백만장자가 되어도 몸을 가누지 못해 흔들의자에만 앉아 있다면 거기서 오는 모든 재미란 과연 무엇일까? 백만장자가 되건 안 되건 삶의 과정에서 즐거움을 찾고, 충만한 여유를 누릴 수는 없을까?

> Enjoy Yourselves. It's Later Than You Think.
> 즐겁게 살라. 그건 당신이 생각하는 것보다 더 시간이 걸리니까.
>
>   - 로마인들이 해시계에 새겨 두었다는 문구

얼마 전 오랜 벗과 저녁 식사를 함께할 기회가 있었습니다.

참으로 삶이라는 것이 우리 마음대로, 조급한 우리 계획대로 되지 않는 것임을 인정하며 함께 쓴웃음을 나누었던 그때, 그 대화의 소재가 이 영화 이 장면이었답니다.

교사 일을 그만두고 빨리 이루고 싶었던 많은 것들 하나하나가 어찌 그리 생각처럼 되지 않는지, 고민을 거듭하며 괴로워했던 오랜 나날들을 돌아봅니다. 폭주하는 인생 시계와 느림보 꿈의 보폭이 만들어 내는 엇박자. 이는 오히려 여유로운 어깨춤에 어울리는 것이 아닐는지.

2
Black Widow
블랙 위도우

블랙 위도우(Black Widow, 2021)

고통은 우리를
더 강하게 만들 뿐!

"Suffering ceases to be suffering at the moment it finds a meaning."
고통은 그 의미를 발견하는 순간, 더 이상 고통스럽지 않다.

- 빅터 E. 프랭클(Viktor E. Frankl)

악명 높은 아우슈비츠 수용소에서 살아남은 홀로코스트의 생존자 빅터 에밀 프랭클(Viktor Emil Frankl)이 그의 저서 「죽음의 수용소에서(Man's Search for Meaning)」에서 한 말입니다. 살아가며 우리가 겪는 괴로움, 고통은 그 의미를 알게 되는 순간 더 이상 우리를 힘들게 하지 못한다는 것. 그렇다면 우리가 겪는 고통의 의미는 과연 무엇일까요?

Get up, you're ok. You're a brave girl.
Your pain only makes you stronger.
일어나야지, 괜찮아. 넌 용감한 애란다.
네가 겪는 고통은 너를 더 강하게 만들어 줄 뿐이야.

- 블랙 위도우(Black Widow, 2021)

넘어진 아이를 챙기는 엄마의 모습을 빌려 시작 부분에서부터 작성하고 보여 주는 이 메시지가 영화 전체를 관통합니다. 어린 시절 20명 가운데

1명 정도만이 생존하는 혹독한 훈련을 견디고 살아남은 나타샤(Natasha).

　가족을 위장한 스파이 활동의 일부분이긴 했으나, 한때 어머니처럼 돌봐주었던 멜리나(Melina)를 오랜 세월 이후 만나, 자신이 받은 상처와 시련을 넘어, 오히려 그녀에게 위로의 말을 건네자 감동한 멜리나(Melina)는 나타샤(Natasha)에게 묻습니다.

>Melina: Tell me, how did you keep your heart?
>멜리나: 말해보렴, 넌 어떻게 네 마음을 지켰니?
>Natasha: Pain only makes us stronger.
>나타샤: 고통은 우리를 더 강하게 만들뿐이라는 것.
>　　Didn't you tell us that? What you taught me kept me alive.
>　　우리에게 말씀해 주셨잖아요? 당신이 가르쳐준 그것이 저를 살아남게 했어요.
>
>　　　　　　　　　　　- <블랙 위도우(Black Widow)>(2021)

　프리드리히 니체(Friedrich Nietzsche, 1844-1900)를 떠올리게 하는 그들의 대화.

>What doesn't kill us makes us stronger.
>우리를 죽게 하지 않는 것은 우리를 강하게 만든다
>
>　　　　　　　　　　　- 프리드리히 니체(Friedrich Nietzsche)

　어둡고 막막한 긴 터널 같은 시간들, 견디기 힘들지언정 삶이 우리에게 내미는 시련(試鍊)과 인고(忍苦)의 과정은 우리를 더 강하게 해 줄 뿐임을 그는 말합니다.
　언젠가 고통스러운 시험, 시련의 순간이 닥칠 때
　그 이면에 숨겨진 참 의미를 기억하며,
　조금은 더 살갑게 맞이하는 우리가 될 수 있기를.

Wait A Minute

교직을 마감하던 날이 생각납니다. 담임으로서 학생들과 마지막으로 인사하며 서로에게 약속했던 말.

'불꽃 같은 삶을 살자. 꼭 정상에서 만나자.'

아직도 제 불꽃은 충분히 밝지 못하며, 정상 또한 당장 코앞에 있는 것 같지는 않습니다. 지나온 10년 남짓 세월이 어떻게 지나갔는지… 단순한 호기(浩氣)만으로는 감당하기 어려웠던 현실, 그리고 버거울 만큼 고통스러웠던 순간들이 있었습니다. 하지만 그 순간과 과정들 하나하나가 마치 약속이나 한 듯 한 가지씩 선물을 안겨 주었음 또한 분명한 사실입니다. 그 길 위에서 얻게 된 선물 하나 알려 드릴까요?

깊은 감명을 준 영화 속 장면들을 소리 파일로 만들어 이를 감상하면서, 사색과 함께 특별한 영감을 얻는 것인데요. 이 습관은 고비를 만날 때마다 그 시련을 어떻게든 넘어서도록 큰 힘이 되어 주었습니다. 작업의 결과물도 제법 쌓여 영화 편수도 1,100여 편이 되었습니다. 이젠 제 인생의 귀한 발자취인 양 사명감까지 아우러져, 평생의 프로젝트가 되었답니다.

수업을 위한 플레이리스트 팝송 600여 곡 또한 함께하는 나름 버라이어티 한 수업으로 자신감 또한 얻은 지금. 늘 꿈꿔 왔던 '즐겁고 행복한 영어 수업'이 입시학원에서도 가능함을 보란 듯 증명하고 있습니다. 이 모든 것이 가능함은 때마다 잊지 않고 제게 찾아와 준 친구,

바로 고통 덕분입니다.

Pain makes you stronger

Tears makes you braver

Heartbreak make you wiser

So thank the past for a better future

고통은 당신을 더 강하게 만들고

눈물은 당신을 더 용감하게 만들며

아픔은 당신을 더 현명하게 만든다

그러니 더 나은 미래를 준 과거에 감사하라

* 인터넷에서 퍼 온 글입니다. 참 와닿는 글이라....

3
Ready Player One
레디 플레이어 원

<레디 플레이어 원(Ready Player One)>(2018)

끔찍하고 고통스럽지만,
그래도 밥 한 끼 건네는 친구는
현실(Reality)밖에 없습니다

동네 어느 식당 집에 어린 아들이 있었습니다. 이웃 옆집은 꽤 큰 가구점. 이 아이는 옆집 아저씨와 마주칠 때마다 이상하게도 인사를 하지 않았습니다. 왜 이렇게 버릇이 없었을까요?

어린 그 아이는 어떤 사정으로 처음 마주친 그 이웃 아저씨에게 인사할 기회를 놓쳤고, 그 이후 '지난번에 인사 못 드렸는데, 지금 인사드리면 받아주실까?' '두 번 세 번 그냥 지나쳤는데, 이제 와서 인사하는 게 맞는 걸까?' '이젠 늦었어….' 바보처럼 그는 끝끝내 이웃 아저씨에게 '아주 버릇없는 아이'로 남게 됩니다.

잘 울고 수줍음을 많이 타긴 했으나, 학교 선생님들과 친척 어른들에게 착하다고 칭찬받던 이 아이. 그 일은 평생 마음에서 떠나지 않는, 스스로 내려놓지 못하는, 어떻게 갚을 수도 없는 빚이 됩니다. 믿을 수 없을 만큼 어리석고 답답한 이 아이는 바로 저였습니다.

못난 아이, 못난 아들, 못난 사위, 못난 남편, 못난 아빠, 못난 친구, 못난 동료, 못난 사람.

두려웠던, 그래서 더더욱 멀리하고 싶은 꼬리표들.

영화 〈레디 플레이어 원(Ready Player One)〉(2018)을 소개합니다.

2045년의 세상. 전 세계 인류가 즐기는 몰입형 가상현실 게임 오아시스(OASIS)를 만든 제임스 할리데이(James Halliday)는 유언을 남깁니다. 자신의 사후(死後) 오아시스 게임 속 임무를 완수하고, 자신이 숨겨 둔 '이스터 에그(Easter Egg)'를 찾아내는 플레이어에게 오아시스의 모든 운영권과 5,000억 달러가 넘는 회사 지분을 주겠다는 것. 그리고, 이후 벌어지는 이야기.

> I created the OASIS because I never felt at home in the real world. I just didn't know how to connect with people there. I was afraid for all my life, right up until the day I knew my life was ending.
> 난 현실 세계에서 전혀 편안함을 느끼지 못했기 때문에 OASIS를 만들었어. 난 현실에 있는 사람들과 인연을 맺고 사는 법을 몰랐지. 난 평생 두려웠어, 내 삶이 끝나는 걸 알고 있었던 바로 그날까지도 말이야.
>
> - <레디 플레이어 원(Ready Player One)>(2018)

임무를 완수하고 이스터 에그를 찾아낸 주인공 웨이드(Wade)를 가상 프로그램 속에서 만난 할리데이(Halliday)가 해준 말입니다.

세계에서 가장 큰 회사의 소유주, 신과 같은 존재로 자신이 만든 게임 오아시스 만큼이나 인기가 있었음에도 그는 늘 끊임없이 두려웠고 사람들을 가까이하지 못했던 것이죠.

'나 혼자만 그런 게 아니었구나.'

시간이 멈춘 듯, 마음이 차분해지며 따뜻해졌습니다.

그저 영화 한대목, 등장인물이 내뱉은 대사일 뿐이라고 치부하기에는 너무나 소중한 위로.

사람들에게 다가가는 것, 만나서 대화하는 것, 그 관계를 이어 가는 것이 제게는 지금도 부담스럽고 어렵습니다. 겉으로 아무렇지도 않은 듯, 없는 재주에 유머까지 흉내 내며 아닌 척하지만 끝내 어색함은 매번 어김없이 저를 삼켜 버립니다.

그러나 잊을 수 없는 할리데이의 조언은 저를 다독여주었습니다.

And that was when I realized that… as terrifying and painful as reality can be, it's also the only place that you can get a decent meal. Because, reality is real.
그리고 그때 난 깨달았던 거지… 현실이란 게 끔찍하고 고통스러운 만큼이나, 그것이 또한 제대로 된 한 끼 식사를 얻을 수 있는 유일한 곳이란 거. 왜냐하면, 현실이야말로 진짜이니까.

- <레디 플레이어 원(Ready Player One)>(2018)

'아무리 끔찍하고 고통스럽더라도, 밥 한 끼 챙겨줄 수 있는 건 현실밖에 없다.' 우리가 인정하고 끌어안아야 하는 친구, 현실(Reality).

하버드(Harvard) 의과 대학의 심리학 교수 수잔 데이비드(Susan David)는 자신의 TED 강연 '정서적 용기의 선물과 힘(The gift and power of emotional courage)'에서 말합니다.

"아픈 감정들은 우리 삶을 사는 데 있어 우리가 맺은바 계약의 일부이며, 마음의 불안함은 의미 있는 삶을 살기 위해 우리가 내는 입장료와 같다."

그녀는 실제로 우리가 느끼는 감정들, 고통, 슬픔, 후회 등에 마음을 열

것을 주문합니다. 우리의 모든 감정을 부정하거나 숨기지 않고, 있는 그대로 받아들이는 것이 치유와 행복으로 가는 초석이 된다는 그녀의 말에 저는 지금 한껏 귀 기울이고 있습니다.

그리고…
여리고 어리석다고만 여겼던 어릴 적 자신에게 전한,
어느 영화 속 주인공의 고백이 저의 고백이 되고,
그 치유의 축복 또한 제 것이 될 수 있길 기도합니다.

I spent 30 years trying to get away from the me that was you.
I hate to say it but you were the best part all along.
난 바로 너인 나로부터 벗어나려고 30년을 보냈어.
말하기 싫지만, 넌 언제나 (내가 가진) 최고의 부분이었단다.

- <아담 프로젝트(Adam Project)>(2022)
타임머신을 타고 돌아가 만난 어릴 적 자신에게 한 말.

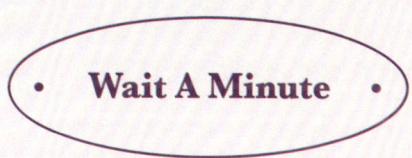

Wait A Minute

제가 근무하는 학원 복도에 정숙한 분위기를 유도하는 부착물이 있습니다. 현재 영국 프리미어리그에서 활약하고 있는 손흥민 선수의 골 세리머니 모습과 함께 '쉿, 조용! 아름다운 음악도 귀에 거슬리면 소음입니다.'라는 문구가 함께 적혀있는데요, 천상의 선율도 상황과 관점에 따라 짜증 나는 소음이 될 수 있다는 것이겠죠.

> Wade: Some people can read *War and Peace* and come away thinking it's a simple adventure story.
> 웨이드: 어떤 사람들은 「전쟁과 평화」를 읽고 그냥 간단한 모험 이야기라고 생각해 버려.
> Samantha: Others can read the ingredients on the back of a chewing-gum wrapper and unlock the secrets of the universe.
> 사만사: 다른 사람들은 추잉 껌 포장지의 뒷면에 있는 재료를 읽고 우주의 비밀을 풀 수도 있지.
>
> - <레디 플레이어 원(Ready Player One)>(2018)

영화 <레디 플레이어 원(Ready Player One)>의 주인공, 웨이드(Wade)와 사만사(Samantha)가 주고받은 말인데요. 이는 영화 <슈퍼맨(Superman)>(1978)에서 렉스 루터(Lex Luthor)가 했던 말을 인용한 것입니다. 위대한 책을 읽고서도 그냥 별것 없는 이야기로 치부해 버리는 사람도 있고, 껌 종이에 적혀 있는 내용물 목록을 읽고 우주의 비밀을 풀어내는 사람도 존재한다는 것.

같은 상황을 경험하더라도, 보는 사람의 인식과 마음 자세에 따라 확연히 다른 반응과 결과를 얻을 수 있다는 것이겠죠.

과연 우린 지금 어떤 색안경을 쓰고 세상을 보고 있을까요?

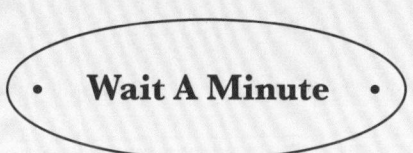

From my earliest days, I never did anything or thought anything or knew anyone where I didn't feel about myself the deepest loathing.
어릴 때부터 저는 무엇을 하든, 어떤 생각을 하든, 누구를 알게 되든 간에 제 자신에 대한 깊은 혐오감을 느끼지 않은 적이 없습니다.

최근 크리스토퍼 놀란(Christopher Nolan) 감독의 영화 〈오펜하이머(Oppenheimer)〉로 전 세계인들의 주목을 받은, 원자 폭탄의 아버지(the father of the atomic bomb) 로버트 J. 오펜하이머(Robert J. Oppenheimer)가 했던 말입니다.
그의 인생과 업적에 대한 논란은 차치하고, 한 사람의 인간으로서 그가 내면에 안고 있었던 고뇌의 깊이를 생각해 봅니다.

We know that as long as men are free to ask what they will, free to say what they think, free to think what they must, science will never regress and freedom itself will never be wholly lost.
우리는 사람들이 원하는 것을 자유롭게 물을 수 있고, 생각하는 것을 자유롭게 말할 수 있으며, 생각해야 할 것을 자유롭게 생각할 수 있는 한, 과학은 결코 퇴보하지 않으며 자유 그 자체도 완전히 잃어버리지 않을 것임을 알고 있습니다.

- <To End All War: Oppenheimer & the Atomic Bomb>(2023)

* 오펜하이머의 인생을 다룬 다큐멘터리 영화 <To End All War: Oppenheimer & the Atomic Bomb>(2023)의 마지막 장면에서 그가 한 말입니다.

자아(自我)에 대한 불안과 혐오를 넘어 시대를 대표하는 물리학자, 과학계의 거대한 지성이 되어 세상을 향한 당부를 하기에 이르기까지, 그가 지나온 여정은 얼마나 험난한 것이었을까요?

이 세상 닮은 현실을 공유한 우리도 각자에게 맡겨진 자신만의 여정을 훌륭하게 감내할 수 있기를.

벅찬 오늘 하루도 어김없이 내딛는,

당신의 힘찬 걸음을 진심으로 응원합니다.

4
Judy
주디

<주디(JUDY)>(2019)

실망하지 마세요
꿈을 향해 걷는 것만으로도 충분하니까요

뭔가 대단한 일을 금방이라도 해낼 수 있을 것 같은 확신과 나름의 멋진 꿈을 품고 안정된 직장에서 뛰쳐나왔지만, 당장 저를 기다리고 있었던 것은 '해냈구나.' 하는 환희보다 '아직 멀었구나.' 하는 좌절의 시간들이었습니다.

중년에 접어들면서 '혹시 나 자신을 계속 희망 고문만 하고 있는 건 아닐까?' 자신에 대한 의구심이 들고, 회의에 찬 생각들이 조금씩 더 머릿속을 채워 나가는 즈음, 따사로운 햇살처럼 보듬어 준 영화 장면이 있습니다.

〈오즈의 마법사(The Wizard of Oz)〉(1939) 주인공 도로시(Dorothy) 역할을 맡아 아역 스타로서 혜성처럼 등장한 주디 갈란드(Judy Garland)는 어린 나이에 이미 세상을 떠들썩하게 만들었지만, 어른이 되어서의 삶은 결코 녹록하지 못했습니다.

It's about walking toward somewhere that you've dreamed of.
그건 당신이 꿈꿔 온 어딘가를 향해 걸어가는 것에 대한 것이죠.
And maybe, maybe the walk is every day of your life.
그리고 아마, 아마도 그 걸음이란 당신 삶의 하루하루일 거예요.

And the walking has to be enough.
그리고 그 걸음만으로도 충분하리라 생각합니다.
It's about hope.
그건 희망에 대한 것이죠.
And we all need that.
그리고 우리 모두는 그것이 필요해요.

- <주디(JUDY)>(2019)

그녀가 영국에서 마지막 공연 중 했던 말입니다. 우린 모두 원하는 곳에 하루빨리 이르길 원하고, 그렇지 못한 현실을 쓰레기 취급하지만, 주어진 하루 그리고 또 하루, 희망으로 가득 채워 꿈꾸듯 내딛는 이 발걸음만으로도 충분하다는 것을 저는 잊고 있었던… 아니, 모르고 있었던 것 같습니다.

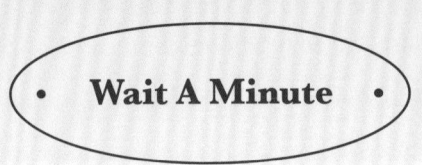

어쩌면 우리 인생은 정말 어디에 도착하는 것이 아니라
닿을 수 없는 어딘가를 향해 하루하루 걸어가는 여정이 아닐까?
이미 걷고 있다는 것만으로 충분하며 우리에게 필요한 것은 희망일 뿐.

1969년 영국 공연 중, 주디 갈란드가 남긴 이 메시지는 아역 스타 시절 그녀가 〈오즈의 마법사〉(1939)에서 직접 불렀던 자신의 인생곡, '오버 더 레인보우(Over the Rainbow)'를 소개하며 말한 것이었습니다.

> Somewhere over the rainbow skies are blue
> 무지개 너머 어딘가에, 하늘은 푸르고
> And the dreams that you dare to dream really do come true
> 당신이 용기 있게 꿈꾸는 일들이 정말 이뤄지는 곳이죠
>
> - 노래 '오버 더 레인보우(Over the Rainbow)' 중에서

어릴 적 품었던 가슴 설레는 꿈이 이뤄지는 그곳을 향해 희망 꼭 붙들고, 또 내딛는 한 걸음, 오늘 하루. 이미 충분합니다. 우리가 정말 자랑스럽습니다.

10년, 20년 죽어라 노력하고 나면 그 길의 끝에 행복이 기다리고 있는 것이 아니다. 노력하며 계단을 오르는 '지금'이 실은 가장 행복한 것이다.

- 가바사와 시온의 「당신의 뇌는 최적화를 원한다」 중에서

5
Wonder
원더

<원더(Wonder)>(2017)

우리 얼굴의 상처와 주름은
결코 흉하지 않습니다

중학교 2학년 여름방학 때 친구들과 수영하러 갔다가 친구를 자전거 뒷자리에 태우고 돌아오던 중 좁은 길 한 가운데 있던 돌부리에 앞바퀴가 튕기는 바람에 5미터 정도 아래로 추락하는 사고가 있었습니다.

그때 수직으로 떨어지며 머리를 작은 바위 모퉁이에 부딪혀 이마가 찢어져 버렸죠. 급하게 간 병원에서 몇 바늘을 꿰매어 수습을 했고 다행히 큰 후유증은 없었습니다. 문제는 그때 생긴 흉터로 인해 생긴 주름이 스트레스가 되어 사춘기 때는 물론, 지금까지도 신경이 참 많이 쓰입니다.

그저께 아내는 이런 말을 하더군요. "이마 쪽 주름이 많이 잡혀서 보기가 좀 그런데, 보톡스 같은 거 맞아보면 어떨까?"

이마 오른쪽 주름, 뒤통수 흉터. 안구 건조증 탓일까 잦은 눈 충혈까지…
'흉해 보이면 어쩌지?'

* 이 흉터를 가리고 싶어 젊은 시절 버스 안에선 항상 고층 건물을 보는 듯 창밖을 향해 고개를 들고 있었답니다.

영화 〈원더(Wonder)〉(2017)를 소개합니다.

태어날 때부터 기형의 외모를 가진 오기(Auggie)는 27번의 수술을 거쳤음에도 정상적인 얼굴을 만들 수 없었고, 자신을 바라보는 사람들의 시선이 늘 부담스럽고 두렵습니다. 학교에 다니기 시작하면서, 주변의 시선과 놀림은 그를 더욱 힘들게 합니다. 앞으로도 이러한 상황이 계속될까, 자신의 외모가 계속 문제가 될까, 흐느끼며 묻는 오기(Auggie). 잠시 후 엄마는 차분하게 아들에게 말합니다.

> This is the map that shows where you're going.
> (가슴을 가리키며) 이것은 네가 어디로 가고 있는지를 보여 주는 지도이고
> This is the map that shows where you've been.
> (얼굴을 가리키며) 이건 네가 어디에 있었는지를 보여 주는 지도란다.
> And it's never, ever ugly.
> 그리고 그건 결코, 절대로 보기 흉한 것이 아니야
>
> - <원더(Wonder)>(2017)

삶이 건네는 그 길을 따라 오늘도 묵묵히 작은 걸음을 보태는 우리. 그 길 위의 이정표 인양 우리에게 주어진 상처와 주름은 결코 흉하지 않습니다.

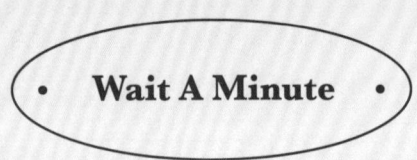

If they stare, let them stare.
다른 사람이 쳐다보면, 그냥 쳐다보게 둬.
You can't blend in when you were born to stand out.
돋보이게 태어났다면 (그냥 똑같은 마냥) 섞일 수는 없는 거야.

- <원더(Wonder)>(2017)

기형의 얼굴을 가진 남동생의 첫 등교일, 오기(Auggie)가 학교 안으로 첫걸음을 내딛기 전 누나인 비아(Via)가 해 주었던 말입니다. 찰나처럼 지나가는 장면이었지만, 스크린 밖의 제가 느꼈던 안도감, 자신감, 편안함…

자신만의 모양과 빛으로 함께하는 세상이 더 아름답습니다.

본연의 고유함을 감추고 똑같은 모습인 양 섞여 보이려 굳이 애쓰지 않으리라 다짐하며.

No one's ordinary, and we all deserve a standing ovation at least once in our lives.
아무도 평범하지 않아요. 그리고 우리 모두 삶 속에서 한 번쯤은 기립박수를 받을 자격이 있답니다.

- <원더(Wonder)>(2017)

• Wait A Minute •

얼마 전 어떤 문제로 인해 고향 친구들 사이에 갈등이 격해진 상황이 있었습니다. 중간에서 제대로 역할을 못한 탓에 저 또한 난감한 지경에 놓여 자칫 모두의 관계가 멀어질 수도 있는 상황에서 계속 제 머리에 맴돌던 생각은 이것이었습니다. '지금 당장 이 문제를 두고 누가 옳건 누가 틀리건, 이것이 오랜 우정을 해칠 만큼 중요한 것일까?'

분리수거 없이 재활용 쓰레기를 그냥 통째로 버린 딸에게 주의를 당부했던 지난 주말 오전에도, 서로 감정이 살짝 상했음을 느낀 오후 내내 비슷한 생각이 머릿속을 채우고 있었습니다.

'내가 옳다는 것을 내세우는 데 정신이 팔려 딸의 어린 마음을 안아 줄 여유가 없었구나.'

그저 강요만 하고 있었던 어리석음….

> When given the choice between being right or being kind, choose kind.
> 옳은 것과 친절한 것 사이에 선택이 주어진다면 친절을 선택하세요.
>
> - <원더(Wonder)>(2017)

오기(Auggie)가 학교에 온 첫날 담임 선생님이 전한 메시지인데 처음에는 별 느낌 들지 않았던 이 말이 당장 겪고 보니 참 귀한 지혜로 다가왔습니다. 그러면서 생각이 나더군요.

매번 자신이 옳다고 고집부리는 남편을 만나 항상 양보하고 한 걸음 물러서 주는 아내…. 고마움과 부끄러움에 얼굴이 살짝 붉어진 것을 혹시라도 딸이 봤을까요?

6
Spirited
크리스마스 스피릿

<크리스마스 스피릿(Spirited)>(2022)

내가 정말
달라질 수 있을까?

잘 싸우고 있었는데, 또 무너졌습니다. 술과 담배를 끊으려 애쓰는 분처럼 저도 꼭 끊어버리고 싶은 나쁜 습관이 있습니다. 원하지 않는 모습, 하지 말아야지 하는 생각, 또 한 번 넘어지고 정체성마저 흔들리는 고뇌의 시간 속 깊은 한숨과 함께 아쉬움 가득, 한 해를 또 떠나보냅니다. 2022년 마지막 날 익숙한 산책로를 걸으며 드는 생각,

내가 정말 달라질 수 있을까?

스스로 지쳐 거의 전의를 상실할 즈음, 크리스마스 선물처럼 다가온 이 영화는 같은 질문을 던지며 시작하고 있었습니다.

Do people really change?
사람들은 정말 변할까?

전생(前生)에 악독한 구두쇠 스크루지(Scrooge)였던 주인공, 프레즌트(Present). 지금은 자신이 '크리스마스 현재의 유령'이 되어 뉘우침과 변화

가 필요한 이를 찾아가 현재의 크리스마스를 보여 주는 역할을 하고 있으며, 나쁜 영혼을 변화시켜 더 따뜻한 세상을 만드는 일을 하며 보람을 느낍니다. 하지만 그에겐 머릿속을 떠나지 않는 고민이 있습니다.

* 크리스마스 캐롤 원작에서 스크루지를 찾아온 것은 과거, 현재, 그리고 미래의 유령. 이렇게 셋이었답니다.

Am I forever unredeemable?
난 영원히 구제불능인 걸까?

- <크리스마스 스피릿(Spirited)>(2022)

비록 오래전 비정한 구두쇠 스크루지의 삶에서 구제받아 변화되었다고는 하지만 사실 프레즌트는 당시 완전히 변화된 모습, 사랑 넘치는 삶을 딱 3주 남짓 보여 주고 죽은 탓에 과연 자신의 변화가 진실한 것인지 아직까지도 확신 못하고 있는 상황이었죠. 어느 날 그는 '구제 불가(unredeemable)'로 여겨지는 클린트(Clint)라는 인물을 찾게 되고, 그를 변화시킬 수 있다면 자신 또한 답을 찾을 수 있을 것이라 기대하며 도전합니다.

* 클린트는 아주 매정한 미디어 컨설턴트(media consultant)로서 수익창출을 위해서라면 온갖 갈등과 충돌 조장마저 서슴지 않는 현대판 스크루지였습니다.

하지만 최선을 다했음에도 좀처럼 변화되지 않는 클린트를 보며 프레즌트는 좌절합니다.

Maybe there's no magical quick fix.
Maybe you gotta put in the work, you ever think about that?
You gotta wake up each day, get out of bed and decide.

마술 같은 해결책은 없을지 몰라요.
어쩌면 정말 애써 노력해야 한다는 거, 그거 생각해 본 적 있어요?
매일 잠에서 깰 때마다 침대에서 일어나 결심을 해야 하는 거예요.

- <크리스마스 스피릿(Spirited)>(2022)

낙심하는 프레즌트에게 이 말을 해 준 건 어느 누구도 아닌 바로 클린트였으며, 이는 마치 저에게 말하는 듯, 순간 정신이 번쩍 들었습니다.

우린 모두 하루아침에 달라진 삶을 바라지만 변화는 매일 매일의 결심과 선택이 모여 이루어지는 것!

어디서 들었든 이미 천 번은 들었을 것 같은 이야기인데도 제게는 왜 그 순간 그렇게 위로가 되고 힘이 되던지.

짓누르던 고민을 시원하게 털어내고, 신명나게 춤추는 프레즌트의 세상 흥겨운 리듬을 어느새 저도 함께하고 있었습니다.

♪ It's an everyday decision ♪
♪ Two steps forward ♪
♪ One step back ♪
♪ But if you try to do what's right You're on the right track ♪
(변화는 하루아침에 일어나는 것이 아니라)
그건 매일매일의 결심이에요.
두 걸음을 내딛다가도
한 걸음 물러설 수 있죠.
하지만 당신이 옳은 일을 하려 노력한다면 당신은 잘하고 있는 거예요

- <크리스마스 스피릿(Spirited)>(2022)
영화 속 노래 '두 어 리틀 굿(Do A Little Good)' 중에서

현대판 스크루지, 클린트가 띄운 현답(賢答)!

You gotta wake up each day, get out of bed and decide.
매일 잠에서 깰 때마다 침대에서 일어나 결심을 해야 하는 거예요.

사실 이는 영화 앞부분 어느 장면에서 자기 회사 직원인 킴벌리(Kimberly)의 말에서 영감을 받은 것이며 킴벌리 또한 이 말을 바로 주인공 프레즌트에게서 들었다는 사실!

Our choices make us who we are.
우리의 선택들이 우리 자신을 만드는 거죠.

프레즌트가 애초에 했던 이 말이 몇 사람을 거친 후, 자신의 고민에 대한 답이 되어 돌아온 것이죠. 결국 프레즌트는 처음부터 자신의 고민에 대한 답을 알고 있었다는 것이 되네요. 매일 아침 일어나 새롭게 다짐하는 우리의 선택, 그것이 안겨 줄 놀라운 변화, 기대되지 않으세요?

Do you believe people are improvable?
당신은 사람들이 나아질 수 있다고 믿나요?
I do. Just as a human body can be cured of illness,
so can men and women be cured of aspect.

그럼요. 인체가 병에서 치유될 수 있는 것처럼,
사람도 (그와 같은) 결점에서 치유될 수 있죠.

- <가여운 것들(Poor Things)>(2023) 중에서

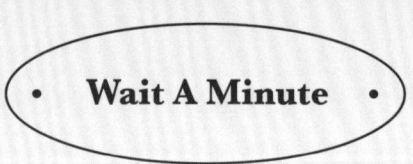

진심을 담은 쓴소리로 많은 수험생에게 사랑받는 공무원 한국사 일타강사 전한길 선생님을 모신 초청특강이 있던 날이었습니다. "전한길 선생님과 닮았어요." "전한길 선생님 같은 느낌이 있어요." 전한길 선생님과 친분이 있는 동료 선생님의 이야기에 '진짜?'라는 호기심이 있었던 저는, 꽉 들어찬 강당 입구에 서서 나름 집중하며 끝까지 경청했습니다. 참 많은 공감이 되었던 말씀들, 특히 '돈오점수(頓悟漸修)'를 강조하셨던 부분이 기억에 남습니다.

삶의 변화를 일으킬 만큼 분명한 깨달음을 얻어도 연약한 우린 이 깨우침과 단번에 하나가 되지 못해, 매일매일의 반복된 노력과 실천이 필요하다는 것!

"작심삼일(作心三日)? 그럼 3일에 한 번씩 결심하면 되잖아요!"

실패하면 결심하고, 실패하면 또 결심하고, 혹 '작심일일(作心一日)'밖에 안 된다면, 매일매일 결심하는 것!

"매일 잠에서 깰 때마다 침대에서 일어나 결심을 해야 하는 거예요!"

클린트는 돈오점수의 지혜를 우연히라도 깨우쳤던 것일까요?

7
Saving Private Ryan
라이언 일병 구하기

<라이언 일병 구하기(Saving Private Ryan)>(1998)

EARN을
'돈 벌다'로만 생각하면 NO

"그냥 온통 거저먹으려 하는 것 같아요. 도둑 심보인가?" 옆자리 선생님이 속상해하며 말합니다. 학생들이 공부를 전혀 하지 않으면서도 좋은 대학은 어떻게든 가고 싶어 한다는 것이었는데요.

무엇이든 공짜로 원하는 것만 챙기고 싶다는 생각이 낯설지 않다면 이 영화가 안겨 줄 선물을 기대하셔도 좋습니다. 전쟁 영화를 굉장히 좋아하는 편은 아니었던 제가 아들의 추천으로 만나게 된 명작 〈라이언 일병 구하기(Saving Private Ryan)〉(1998)를 소개합니다.

네 명의 형제 가운데 세 명이 전사하고, 막내 제임스 라이언(James Ryan)만 남은 것을 알게 된 군 수뇌부는, 비록 전쟁 와중이지만 막내인 라이언만이라도 살아서 본국으로 돌아갈 수 있도록 그를 찾아 귀환시키는 임무를 밀러(Miller) 대위 팀에게 맡깁니다. 그 과정에서 많은 희생을 치르게 되죠.

마지막 장면에서는 밀러 대위마저도 전사하게 됩니다. 숨을 거두기 전 그는 라이언에게 짧은 말을 남겼고, 이는 평생 라이언의 뇌리에 고스란히 새겨져 있었습니다.

그가 한 말은 무엇이었을까요? 먼저 넷플릭스 자막 버전으로 보여 드립니다.

Earn this... earn it.

라이언, 꼭 살아서 돌아가. 잘 살아야 해.

- <넷플릭스 번역>

어떤 학생들은 그냥 '돈 벌어서 잘 먹고 잘 살아!' 아닌가 생각하더군요. 절대 그렇지 않습니다. Earn은 수고에 대한 대가로 돈을 받는다는 의미도 있지만, 자신의 행위나 공로에 따라 자격을 갖추어서 그에 마땅한 만큼 받는 것을 가리킵니다.

밀러 대위는 자신을 포함한 많은 사람의 희생을 라이언이 거저 얻어 누리려 하지 말고, 그 희생에 부끄럽지 않을 만큼의 노력과 결실이 있는 삶을 살아 달라 당부한 것이었죠. 다시 말해 그들의 희생이 헛되지 않도록, 자신을 위해 희생한 10명 혹은 100명의 몫까지 다하는, 의미 있고 열매 맺는 삶을 살도록 부탁했던 것입니다.

사실 밀러 대위는 이전에 말했던 적이 있습니다. 누군지 몰라도 이 '라이언'이라는 병사가 반드시 이런 수고와 희생만큼의 가치가 있는 사람이어야 하며, 거기에 걸맞은 삶을 살아야 한다고. 그래서 영화 마지막 장면에서 어느새 노인이 된 라이언이 밀러 대위의 묘지를 찾아와 이렇게 말한 것이죠.

Every day I think about what you said to me that day on the bridge.
매일 당신이 그 다리 위에서 제게 말씀하신 것을 생각합니다.
I tried to live my life the best that I could.
저는 제가 할 수 있는 최선의 삶을 살려고 노력했습니다.
I hope that was enough.
그것이 충분한 것이었기를 저는 바랍니다.

I hope that, at least in your eyes,
I've earned what all of you have done for me.
전, 적어도 당신이 보기에,
여러분 모두가 저를 위해 하신 것에 걸맞은 자격을 가질 만큼의 삶을 산 것이기를 바랍니다.

- <라이언 일병 구하기(Saving Private Ryan)>(1998)

그는 늘 밀러 대위가 해 준 말을 생각하며 최선을 다해 살았던 것이었습니다. 현실의 삶은 우리에게 무엇이든 거저 허락하는 법이 없습니다. 이 시간 Earn이라는 단어의 진중(珍重)한 의미를 가슴에 새기며, 우리가 추구하는 삶이 마땅히 요구하는 노력과 수고를 기꺼이 끌어안는 우리, 부족함 없는 땀과 정성으로 그토록 바라는 소중한 결실을 Earn하는 우리가 되면 좋겠습니다.

영화 끝 부분 모든 화면이 지워질 즈음, 조용히 장엄한 음악이 시작됩니다. 이 영화의 메인 테마(main theme)인 '전사자를 위한 찬가(Hymn to the Fallen)'인데요. 이 곡을 들을 때마다 밀러 대위가 했던 말이 생각납니다.

> This Ryan better be worth it. He better go home and cure some disease or invent a longer-lasting light bulb or something.
> 이 라이언이라는 친구가 그만한 가치가 있으면 좋겠어.
> 그가 집에 가서 무슨 병을 치료하든지 더 오래가는 전구든 뭐든 만들면 좋겠어.
>
> - <라이언 일병 구하기(Saving Private Ryan)>(1998)

우리가 맞이한 오늘이 결코 거저 있는 것이 아님을 깨닫습니다.
온몸을 내던진 숭고한 희생들이 있었기에 가능한 오늘과 내일.
병을 치료하는 의사도 아니고, 세상을 바꾸는 발명의 재능 또한 없지만, 제 인생에서 남아 있는 시간, 허락된 건강과 능력으로 하루하루 쏟아 낼 수 있는 궁극의 정성으로 채워 갈 수 있기를 바랍니다.

8
Eat Pray Love
먹고 기도하고 사랑하라

<먹고 기도하고 사랑하라(Eat Pray Love)>(2010)

완전히 무너져 내리셨나요?
그건 선물입니다

우물 안 개구리인 것을 전혀 모르는 채, 무언가 큰 것을 해내겠다는 꿈을 안고 학교를 사직한 직후였습니다. 애초에 계획했던 학원 개업을 불과 며칠 앞두고, 너무나 많은 부분에서 준비가 부족한 것을 발견한 저는 그렇게 임박한 상황에서 사업을 포기하는 난장판을 벌이고 말았습니다.

제 자신이 느꼈던 당혹감과 부끄러움은 그렇다 치고, 아내는 당장 병을 얻어 몸져눕는 지경이 되었죠. 집안은 침묵과 어둠으로 가득했고, 지금 생각해 보면 아들과 딸은 그 시기를 어떻게 버텨 냈는지 모르겠습니다. 가족 모두에게 죄스럽고 미안한 마음뿐이었습니다. 모든 것이 무너져 내린 상황 속에서 저는 절망하고 있었습니다.

영화 〈먹고 기도하고 사랑하라(Eat Pray Love)〉(2010)을 소개합니다.
결혼, 집, 성공적인 직업 경력까지, 겉으로는 전혀 부족함이 없을 것 같은 리즈(Liz)의 삶. 그러나 그녀는 공허함을 느끼고 있었고, 자신의 삶 속에서 진정으로 원하는 것을 여전히 찾고 있었습니다. 어느 날 그녀는 안정적인 모든 것을 뒤로하고, 그 갈증을 해결하기 위한 긴 여정을 시작합니다. 그 과정을 그린 영화.

로마 제국 시절 옥타비안 아우구스투스(Octavian Augustus)가 사후 자신의 유해를 보관할 목적으로 지은 아우구스테움(Augusteum). 이방 민족에 의해 불타고 무너져 내려 폐허가 되었다가 다시 일으켜 세워진 이곳을 보며, 리즈(Liz)는 말합니다.

> We all want things to stay the same. Settle for living in misery because we're afraid of change, of things crumbling to ruins. Then I looked at around to this place, at the chaos it has endured - the way it has been adapted, burned, pillaged and found a way to build itself back up again. And I was reassured, maybe my life hasn't been so chaotic, it's just the world that is, and the real trap is getting attached to any of it.
> Ruin is a gift. Ruin is the road to transformation.
> 우린 모두 상황이 그대로 유지되기를 바란다. 변화가, 무너져 내려 폐허가 되는 상황이, 두려운 나머지 우리는 비참한 속에서 사는 것에 안주(安住)해 버린다. 난 이곳, 이 장소가 버티어 낸 혼란을, 둘러보았다 – 그것이 적응하고, 불타고, 약탈당하고 다시 스스로를 재건하는 법을 찾아낸 그 방식을. 그리고 나는 안도(安堵)감을 느꼈다, 아마도 내 삶이 그렇게 엉망은 아니었으리라, 엉망인 것은 세상일뿐, 그리고 진정한 덫은 이 세상의 어느 것에든 얽매이는 것이라는 것을.
> 무너짐은 선물이다. 무너짐이야말로 변화로 가는 길인 것이다.
>
> - <먹고 기도하고 사랑하라(Eat Pray Love)>(2010)

암흑 속 폐허와 같은 상황에서, 감당키 어려웠던 절망감.
하지만 그때 그렇게 모든 것이 무너져 버린 덕분에 저는 새롭게 거듭날 수 있었고, 조금은 더 겸손한 자세와 진지한 마음, 조금은 더 열린 시선으로 세상을 대할 수 있게 되었습니다.

　혹시 지금의 당신, 완전히 무너져 내리셨나요? 그것은 더 나은 삶으로 나아갈 기회이자 당신에게 찾아온 선물입니다.

Wait A Minute

    리즈는 긴 여정 끝 무렵에 이르러 자신이 생각하고 느끼는 바를 표현해 줄 한마디 말을 찾게 됩니다.

    '아트라버시아모(Attraversiamo)'

    "건너갑시다(Let's go cross over)"를 의미하는 이탈리아 표현으로, 이는 리즈에게 있어 자신을 붙들고 늘어지는 과거의 것들을 과감하게 뒤로하고, 더 나은 삶을 향해 성큼 나아가는 용기를 담은 말이었습니다.

    차원이 다른 삶으로의 업그레이드, 그 새로운 여정의 출발점에 선 당신을 응원합니다.

    "Attraversiamo!"

> We must always be prepared for endless waves of transformation.
> 우린 항상 끊임없는 변화의 물결을 맞이할 준비가 되어있어야 합니다.
>
> - <먹고 기도하고 사랑하라(Eat Pray Love)>(2010)

9
Cast Away
캐스트 어웨이

<캐스트 어웨이(Cast Away)>(2000)

모든 희망이 사라져도 할 수 있는 것
그리고 해야 하는 것

언제부터인가 아내와의 대화가 줄어들고 서로에게서 느꼈던 따뜻함도 어색함과 서먹함으로 변해 버린 요즘, 그나마 대화를 하다 보면 그 끝은 정해진 양 차갑기만 합니다. 올해 새롭게 시작된 여러 일로 분주한 가운데 스트레스를 받는 탓인지, 저도 모르게 아내와 아이들에게 부담을 주고 있었던 것을, 늘 그랬듯 또 뒤늦게 깨닫습니다.

아내와 아이들이 저로 인해서 조금이라도 더 행복했으면 하는 작은 소망마저 아직 멀게만 느껴집니다. 중년에 접어든 나이임에도 특별히 해낸 것 없는 자신의 모습에 때로는 절망을, 때로는 무기력을 느낍니다. 한 번씩 찾아오는 우울한 생각도 좀처럼 쉽게 떠나 주지 않는 무거운 나날들. 어떻게 살아야 할까? 아니, 이대로 살아야 하는 걸까?

영화 〈캐스트 어웨이(Cast Away)〉(2000)를 소개합니다.

택배회사 직원인 척(Chuck)은 해상에서의 비행기 추락 사고로 무인도에서 혼자 살게 됩니다. 구조를 기대조차 할 수 없는 절망적인 상황 속에서 그는 스스로 생을 마감하려 하지만, 이마저도 자신의 생각대로 되지 않습니다. 아무것도 할 수 없는 모든 희망이 꺼져 버린 바로 그 순간, 그에게 따스하게 다가온 것은…

어떻게든 '살아야 한다는 마음'이었습니다.

> I know what I have to do now. I gotta keep breathing.
> 난 지금 내가 무엇을 해야 할지 알아. 난 계속 숨을 쉬어야 해.
> Because tomorrow the sun will rise.
> Who knows what the tide could bring?
> 왜냐하면 내일도 태양은 뜰 테니까. 밀물이 무엇을 가져다줄지 누가 알겠어?
>
> - <캐스트 어웨이(Cast Away)>(2000)

'희망이 있든 없든, 머릿속 계산이 어떠한 답을 주든, 계속 살아 있어야 해.' 그렇게 시간은 흘러 4년이 지난 어느 날, 신(神)이 내린 축복처럼 섬으로 밀려들어온 알루미늄 판자를 이용해서 뗏목을 완성하고, 결국 섬을 벗어나 구조되기에 이릅니다.

돌아가는 비행기를 타고, 너무나 그리웠던 켈리(Kelly)를 만난다는 생각에 가슴 설레는 척(Chuck). 무슨 말을 해야 할지, 어떤 표정 어떤 모습으로 만나야 할지… 하지만 그를 기다리고 있었던 사람은 켈리가 아닌 그녀의 새 남편이었습니다. 척(Chuck)이 죽은 것으로 생각한 주변의 강권으로 켈리는 새로운 출발을 해야 했던 것이죠.

수년 만의 재회이자 마지막인 만남에서 두 사람은 서로에 대한 애절한 마음을 알 수는 있었지만, 이미 다른 남자의 아내가 되어 버린 켈리를, 그 잃어버린 4년을, 척(Chuck)은 인정하고 돌아설 수밖에 없었습니다. 무인도에서 그녀를 끝없이 그리워했고, 작은 사진 속의 그녀를 보며 그 세월을 버틸 수 있었는데… 다시 켈리를 잃어버린 척(Chuck). 그는 말합니다.

A SIDE | 끌어안기

I couldn't even kill myself the way I wanted to. I had power over nothing. And that's when this feeling came over me like a warm blanket. I knew, somehow, that I had to stay alive. Somehow. I had to keep breathing. Even though there was no reason to hope. And all my logic said that I would never see this place again. So that's what I did. I stayed alive. I kept breathing. And one day my logic was proven all wrong because the tide came in, and gave me a sail. And now, here I am. I'm back. In Memphis, talking to you. I have ice in my glass. And I've lost her all over again. I'm so sad that I don't have Kelly. But I'm so grateful that she was with me on that island. And I know what I have to do now. I gotta keep breathing. Because tomorrow the sun will rise. Who knows what the tide could bring?

난 심지어 내가 원하는 방식으로 나를 죽일 수도 없었어. 난 어느 것에 대해서도 무력할 뿐이었지. 그리고 바로 그때 이 느낌이 따뜻한 담요처럼 내게 다가왔어. 난 알았지, 어떻게든, 내가 살아야 한다는 걸. 어떻게든 말이야. 난 계속 숨을 쉬어야 했어. 비록 희망을 가질 아무런 이유도 없었고 내 모든 논리마저도 절대 여기를 다시는 볼 수 없을 거라고 말했지만 말이야. 그래서, 그게 내가 한 일이야. 난 살아남았던 거지. 난 계속 숨을 쉬었어. 그리곤 어느 날 나의 논리가 완전히 틀린 것이 증명되었어. 왜냐하면 조류가 밀고 들어와서, 나에게 돛을 주었거든. 그래서 지금, 난 여기에 있지. 돌아온 거야. 멤피스에, 자네에게 말도 하고. 내 잔에 얼음도 있는걸. 그리고 난 다시 그녀를 잃어버렸어. 난 켈리가 없어서 너무 슬퍼. 하지만 난 그녀가 그 섬에서 나와 함께해 준 것이 너무 고마워. 난 지금 내가 무엇을 해야 할지 알아. 계속 숨을 쉬어야 해. 왜냐하면 내일도 태양은 뜰 테니까. (삶의) 밀물이 무엇을 가져다줄지 누가 알겠어?

- <캐스트 어웨이(Cast Away)> (2000)

도무지 아무것도 할 수 없는 깊은 절망의 순간이 찾아오면, 그땐… 그저 척(Chuck)처럼 살아 있는 것만으로도, 그냥 살아 호흡하고 있는 것만으로도 충분합니다. 어김없이 다가올 내일이 과연 어떤 기회와 축복을 가져다 줄지 누가 알겠습니까?

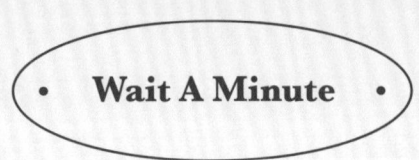

Wait A Minute

Stay open. Who knows?
Lightning could strike.
마음을 열어. 누가 아니?
번쩍하고 좋은 일이 생길지.

- <조 블랙의 사랑(Meet Joe Black)>(1998)

영화 <조 블랙의 사랑>에서 아버지가 딸 수잔(Susan)에게 해 준 말입니다. 특히 'Lightning could strike'라는 말은 반짝이는 외모를 가진, 젊은 남자(브래드 피트)의 대사로 다시 등장하고, 이로 인해 수잔은 심쿵하죠. 입가에 미소 가득, 오랜만에 사랑의 감정을 추억하며 볼 수 있었던 영화.

<조 블랙의 사랑>과 <캐스트 어웨이>, 두 영화가 함께 제게 안겨 준 이 '인생문구(人生文句)'를 소개합니다.

Stay open and keep breathing.
Who knows what the tide could bring?
Lightning could strike.
마음을 열고 계속 숨을 쉬는 거야.
(삶의) 밀물이 무엇을 가져다줄지 누가 알겠어?
번쩍하고 좋은 일이 생길 수도 있잖아.

혹시 어느 날 절망의 끝자락에 서는 위기의 순간이 닥친다면, 떨구어진 고개를 다시 드는 힘이 되어 주리라 믿습니다.

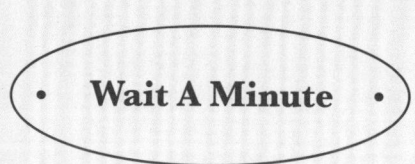

오랜 벗이 있습니다.

예민 님의 노래 '산골 소년의 사랑 이야기'가 너무 잘 어울리는 순수한 영혼의 친구죠. 젊은 시절, 가족을 위해 큰 고민 없이 해 준 대출 보증이 그의 삶을 송두리째 앗아가 버렸습니다. 평생을 따라다닌 꼬리표, 신용불량자. 모든 것을 쏟아부은 사업의 연이은 실패. 그 과정에서 얻은 몸과 마음의 병까지.

소박한 그의 작은 소망, 어느 하나 허락하지 않았던 냉정한 세상. 어떻게 그 모든 역경의 세월을 버텼는지 저는 알 수 없습니다.

그는 말합니다.

"혹시 모르잖아. 숨을 쉬어야지.

내일도 해가 뜰 거고 무슨 일이 벌어질지 누가 알아?

번쩍하고 좋은 일이 생길 수도 있잖아."

* 이 책의 원고를 제일 먼저, 그리고 어쩌면 저보다도 더 많이 읽어 본 그는, <캐스트 어웨이>와 <조 블랙의 사랑> 두 영화와 그 문구(文句)를 아끼고 좋아합니다.

저는 감히 절망할 수 없습니다.

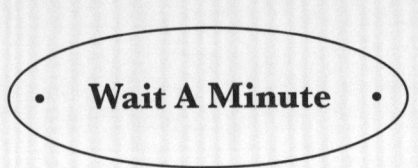

"난 정말 챨리에게 뭔가 있는 줄 알았어."

* 챨리는 아내가 저를 부를 때 쓰는 애칭입니다.

지금껏 곁에서 함께한 아내가 결국 고백하는 절망과 허무의 깊이.
신기루만 쫓는 듯한 남편을 인내하며 그의 성공을 기다리다 지친 그녀의 말이 날카로운 비수처럼 제 심장에 꽂힙니다. 마음속 흘러넘치는 미안함을 애써 외면하며 언성만 높이는 저의 미련함.

"난 우리 대화가 또 이렇게 끝날 줄 알았어!"

신뢰받을 자격 없는 삶을 살고도 그저 믿어 주길 원하는 저의 주제넘음이, 못지않은 어리석음과 아우러져 또 다른 상처를 남기는 어제, 그리고 오늘.
긴 호흡으로, 행여 아내가 들을까, 조용히 되뇌는 진심.

'I hope that one day you can see in me the man that you once hoped I would be. And I'm so sorry'

'내가 (이루게) 될 것이라고 당신이 한때 소망했던 그 모습을 언젠가 나에게서 볼 수 있길 바라. 그리고 정말 미안해'

-영화 <더 웨이 백(The Way Back)>(2020)

* 영화 <더 웨이 백(The Way Back)>(2020)에서 주인공 잭이 아내에게 진심 어린 사과와 함께 했던 말입니다. 어린 아들을 불치병으로 떠나보낸 잭은 자신의 방황으로 인해 아내마저 지켜 주지 못했음을 뉘우치고 있습니다.

밖을 바라봅니다.
고즈넉한 저녁 시간, 금방이라도 비를 내릴 듯한 하늘을 보며 고대합니다.
우렁찬 천둥소리, 번쩍이는 번개와 함께 모든 것을 씻어 줄 세찬 비,
그리고 그와 함께 밀물처럼 다가올 놀라운 선물을.

10
Spider-Man: No Way Home
스파이더맨 노 웨이 홈

<스파이더맨 노 웨이 홈(Spider-Man: No Way Home)>(2021)

큰 능력에는 반드시
큰 책임이 따릅니다

수능시험 재도전 여부를 두고 고민하는 학생이 학원을 찾아와 상담을 하게 되었습니다. 24세의 남학생으로 아직 군대는 다녀오지 않았고, 현재 교육대학(초등 교사 과정) 재학 중이기는 한데, 의대 진학을 위해 재수를 시작해야 할지 아직 분명한 판단이 서지 않은 상태였습니다. 이전 수능 성적은 한 과목을 제외하고 모두 넉넉한 1등급으로서 학업에 꽤 재능이 있어 보이는 친구였지요.

"재수를 학원에서 하건 독서실이나 집에서 하건, 그건 중요한 게 아니야. 학생은 참 영리해 보이는데, 그건 태어날 때 선물처럼 부여받은 재능이거든. 친구가 해야 할 일은 그 재능을 특권인 것처럼 낭비하지 않고, 그걸 잘 활용해서 세상에 기여하는 책임을 지는 거야. 그게 의사로서의 삶이라는 확신이 있다면, 주저하지 말고 도전해서 필요한 만큼의 땀과 노력으로 채워 봐."

너무 거창한 말이었나요? 사실 어떤 영화의 메시지가 그 친구에게 딱 맞는 것 같아 말하긴 했는데 혹시 그 친구 우리 학원에 등록하지 않으면 어떡하죠?

영화 〈스파이더맨 노 웨이 홈(Spider-Man: No Way Home)〉(2021)을

소개합니다.

화려한 액션과 CG(컴퓨터 그래픽)도 좋지만, 오랜만에 다시 만난 선배 스파이더맨 토비 맥과이어(Tobey Maguire)와 앤드류 가필드(Andrew Garfield)가 너무 반가웠던 영화였죠.

스토리는 대략 이렇습니다. 스파이더맨의 정체가 피터 파커(Peter Parker)인 것이 밝혀져 걷잡을 수 없는 상황이 되고, 피터는 닥터 스트레인지(Doctor Strange)의 힘을 빌려 이를 되돌리려 합니다. 하지만 그의 주문이 무언가 잘못되어 다른 세상으로부터 위험한 적들이 나타나게 되고, 그들과 같은 이유로 다른 세상에서 나타난 동료 스파이더맨들의 도움을 받아 가까스로 상황을 해결하게 됩니다.

이 모든 과정을 거치면서 피터는 스파이더맨으로 사는 것이 무엇을 의미하는 것인지, 어떤 책임을 요구하는 것인지를 깨닫게 된다는 이야기지요.

> You have a gift. You have power.
> 넌 재능이 있어. 넌 능력을 가지고 있고.
> And with great power, there must also come great responsibility.
> 그리고 커다란 능력에는, 커다란 책임도 또한 뒤따라야 하는 거란다.
>
> - <스파이더맨 노 웨이 홈(Spider-Man: No Way Home)>(2021)

그린 고블린(Green Goblin)의 공격에 의해 죽음을 당하는 메이(May) 숙모가 마지막 순간 피터에게 남긴 말입니다. 사실 이것은 스파이더맨 시리즈 전체를 관통하는 대표 메시지인데요, 첫 작품이었던 <스파이더맨>(2002)에서 벤(Ben) 삼촌이 피터에게 해 주었던 말이 시리즈 전체에 걸쳐 반복적으로 강조되고 있는 것이죠.

Remember, with great power comes great responsibility.
기억하렴, 큰 능력엔 큰 책임이 따른단다.

- <스파이더맨(Spider-Man)>(2002)

If you could do good things for other people, you had a moral obligation to do those things! Not choice. Responsibility.
만약 네가 다른 사람들을 위해 좋은 일들을 할 수 있다면, 넌 그것들을 할 도덕적 의무가 있는 거야. 선택이 아닌 책임이란다.

- <어메이징 스파이더맨(The Amazing Spider-Man)>(2012)

세상의 모든 피조물은 어느 것 하나 예외 없이 보석과 같은 자기만의 특별함을 지니고 있다 들었습니다. '영리하다. 운동을 잘한다. 음악에 재능이 있다. 그림을 잘 그린다. 기계를 잘 다룬다. 공감과 배려의 마음이 남다르다.' 각자에게 맡겨진 그 재능으로 인류에 기여할 책임과 사명이 우리에게 주어진 것이라 할까요?

I want the world to be better because I was here.
난 내가 여기 있었으므로 인해 세상이 더 나아지기를 원한다.

- 윌 스미스(Will Smith)

영화배우 윌 스미스(Will Smith)의 좌우명처럼, 우리가 여기 있었으므로 이 세상이 더 아름답고 행복한 곳이 되면 좋겠습니다.

Wait A Minute

〈스파이더맨 2〉(2004)에서 닥터 옥토퍼스(Doctor Octopus)라는 이름의 악당이었지만 온전한 정신으로 회복된 오토(Otto)박사가 오랜 세월이 지난 후 다시 만난 피터를 알아보고 함께 나누는 인사 장면은 마치 제가 오랜 친구를 만난 듯하여 정말 가슴 뭉클했습니다.

> Otto: You're all grown up.
>
> 오토: 완전히 어른이 되어 버렸네.
>
> [chuckles] [껄껄 웃는다]
>
> Otto: How are you?
>
> 오토: 어떻게 지내고 있니?
>
> Peter: [smiling] Trying to do better.
>
> 피터: [미소 지으며] 더 잘하려고 노력 중입니다.
>
> — 〈스파이더맨 노 웨이 홈(Spider-Man: No Way Home)〉(2021)

여기서 살짝 피터의 대답 'Trying to do better'에 대한 귀띔.

20년 전 피터가 학교 과제를 위해 오토박사를 처음 만났을 때, 그의 진심 어린 조언에 피터가 했던 말이 "Trying to do better"였답니다.

긴 세월이 지나 이를 추억하는 자신의 언어로 인사를 한 것이죠.

그 훈훈함과 다정함이 느껴지시나요?

항상 흥이 넘치는 교무실 앞자리의 선생님이 오늘 아침도 노래합니다. "나이는 숫자, 마음이 진짜 가슴이 뛰는 대로 가면 돼~ 연애는 필수, 결혼은 선택 가슴이 뛰는 대로 가면 돼." 평소에도 농담을 아주 재미있게 하는 분인지라 그냥 말씀에 흥을 얹으신 건가 했는데, 김연자 님의 노래 '아모르파티(amor fati)'였습니다.

'아모르(amor)'라는 말만 보고 그저 흔한 사랑 노래려니 했는데 그게 전혀 아니었습니다. 'amor fati'는 '운명에 대한 사랑'을 의미하는 라틴어 문구로서 고통과 상실을 포함해 인생에서 일어나는 모든 것을 필요한 것으로, 그리고 좋은 것으로 받아들이는 태도, 즉, 어떠한 상황이든 삶을 온전히 받아들이고 사랑하는 것이지요.

'amor fati' 하면 떠오르는 독일 철학자 프리드리히 니체가 남긴 말이 있습니다.

> I want to learn more and more to see as beautiful what is necessary in things; then I shall be one of those who make things beautiful.
> 나는 삶 속에서 필요한 것을 아름답게 보는 법을 더 많이 배우고 싶다. 그러면 나는 삶을 아름답게 만드는 사람 중 하나가 될 것이니.

삶을 아름답게 바라보는 우리가 있음으로 이 세상은 더욱 아름다워질 것입니다. 영화배우 윌 스미스의 좌우명처럼 말이죠. 모두 함께 'Amor Fati!'

B side

일어나기
가슴의 소리, 용기

11
Rocky IV
록키 IV

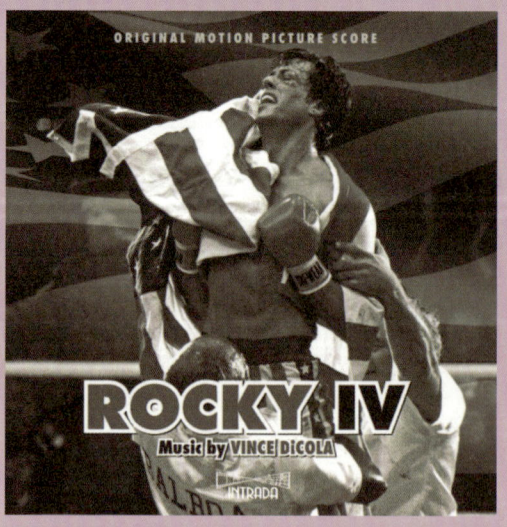

<록키 IV(Rocky IV)>(1985)

포기하고 싶은 순간,
꼭 기억해야 할 한 가지

We are the Rocky Balboa of this World Cup.
우리는 이번 월드컵의 록키 발보아입니다.

- 왈리드 레그라기(Walid Regragui), 모로코(Morocco) 축구대표팀 감독

2022 카타르 월드컵에서 벨기에, 스페인, 포르투갈 등 우승 후보로 불리는 강팀들을 연파하며, 아프리카 대륙 및 아랍권 국가 최초로 월드컵 4강에 오른 모로코 축구대표팀의 왈리드 레그라기(Walid Regragui) 감독이 한 말입니다.

재능과 돈이 없어도 성공할 수 있음을 모로코는 전 세계에 보여주었고, 이로 인해 많은 사람이 응원하고 사랑하는 팀이 되었음에 감격했던 그 순간.
근데 록키 발보아(Rocky Balboa)가 누구죠?

영화 〈록키(Rocky)〉시리즈를 소개합니다.
대단한 명작까지는 아니더라도, 〈록키〉 시리즈는 전 세계 많은 사람들에게 감동과 용기를 준 작품이라 확신합니다. 별 볼 일 없던 동네 건달에서 전 세계 사람들에게 희망을 안겨 주는 복싱 챔피언이 되기까지의 과정, 그

리고 그 이후를 그린 이야기랍니다.

록키 발보아가 영화 속에서 보여 준 말과 행동이 삶의 고비와 위기의 순간 놀라운 힘이 된다는 사실에 많은 분이 공감하실 겁니다. 오늘은 제가 경험한 그 선물을 함께 나누었으면 합니다.

학교에서 항상 즐거움이 있는 행복한 수업을 하며, 능력 있는 영어 교사로 어느 정도 인정도 받을 즈음, 저는 학교 밖 세상이 궁금했습니다.

곧 뭔가 보여 주겠다는 호기로 용감하게 학교를 사직하고 학원가로 나왔지만, 막상 부딪쳐 본 현실은 만만치 않았습니다.

첫해였던 2014년, 너무 고통스러운 나머지 하루에도 수십 번, 아니 수백 번 도망치고 싶은 충동을 저는 느끼고 있었습니다. 제가 지금도 소속되어 있는 이 학원은, 당시 학원생 2,000명, 강사 100명 규모의 큰 학원이었습니다. 1년에 두 번 하는 강의 평가가 있었고, 이는 연말 재계약 여부를 결정지을 정도로 영향력이 있는 평가인지라 정말 많은 신경이 쓰였습니다. 생존이 걸린 문제였으니까요.

아직 재수 종합반 스타일의 수업에 적응이 필요했던 저는 평가를 염두에 둔 상황에서 만나는 학생들의 눈빛과 제스처 하나하나가 두렵기까지 했습니다. 스트레스를 심하게 받아서 분명 주변에 아무도 없음에도 어깨가 무엇인가에 짓눌리는 것을 물리적으로 너무나 생생하게 느끼고 있었으며, 또 뭔가 만족스럽지 못한 수업을 했다 싶을 때는 분필 묻은 손을 씻는 것도 잊은 채 교무실에 우두커니 앉아 멍한 표정으로 30분 이상 그대로 정지 화면처럼 있기도 했습니다.

정말 다 내려놓고 도망치고 싶었지만 그때마다 아내, 아들, 딸이 떠올라 절대 포기할 수 없었습니다. '하나님, 도와주십시오. 제가 도망치지 않고, 이 모든 상황을 감당할 수 있도록 도와주십시오.' 간절히 기도했습니다. 학교에 있을 때는 수업 전 기도한다는 것을 생각지도 않았던 저였지만, 학원가로 나온 후부터는 매시간 수업 전에 기도하는 것이 너무나 중요하고 소중한 일이 되었습니다.

한 가지 잊을 수 없는 것. 저는 당시 견디기 힘들 만큼 고통스러우면서도 참으로 신기한 경험을 하고 있었습니다. 월요일부터 금요일까지 어떻게든 버티고 나면 주말에는 어김없이 아파서 누워 있다가 월요일 아침이 되면 일어나 다음 한 주간을 버티고 또 주말 내내 드러눕는 이런 이상한 패턴이 거의 3개월 가까이 지속되었습니다. 한참이 지나 아내에게서 들은 말이었지만, 그런 제 모습을 곁에서 지켜보며 '아, 이 사람이 죽을 수도 있겠구나.'라는 생각을 했답니다.

그 시기에 수업 시작종이 울리면 수업에 대한 자신감은 커녕, 온통 두려움에 사로잡혀 말 그대로 도살장에 끌려가는 소처럼 교실로 향했습니다. 그 무거운 걸음을 내디딜 때, 간절한 기도와 함께 되뇌고 또 되뇌었던 말이 있습니다.

> Going in one more round when you don't think you can.
> 도저히 할 수 없겠다 싶을 때 한 라운드 더 걸어 들어가는 것.
> That's what makes all the difference in your life.
> 그것이 너의 삶에서 모든 차이를 만들어 내는 것이란다.
>
> - <록키IV(Rocky IV)>(1985)

오랜 친구이자 전 세계 챔피언인 아폴로(Apollo)를 친선 시범경기에서 시합 중 사망케 한 엄청난 괴력의 상대 드라고(Drago)와 싸우기 위해 적지 소비에트 연방(Soviet Union, 소련)으로 떠나기 전 록키(Rocky)가 아들에게 해 준 말입니다.

　정말 도저히 일어날 기력조차 없을 때, 절대로 더 이상은 할 수 없겠다는 생각이 머릿속을 꽉 채운 상황에서, 벌떡 일어나 상대를 향해 다시 링 한가운데로 걸어 들어가는 것.

　수업 잘하고 못하고를 생각할 여유도 없었던 그 시기에 제가 할 수 있는 것은 딱 한 가지, 그냥 어떻게든 일어나 교실로 걸어 들어가는 것 뿐이었습니다.

　그리고…

　그해 강의 평가 1위는,

　제가 전혀 생각지도 못한,

　하지만, 링 저 너머에서 저를 기다려 주고 있었던 놀라운 선물이었습니다.

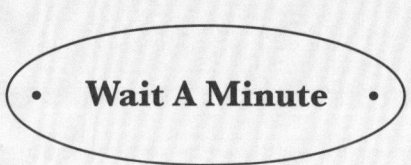

평범한 2류 3류 복싱선수였던 록키에게 현역 세계 챔피언과 챔피언 타이틀을 두고 시합할 기회가 기적처럼 주어지고, 그는 최선을 다해 시합을 준비합니다. 시합 전날 집으로 돌아와 아내에게 말하는 록키.

> Rocky: "I can't do it."
> 록키: 난 할 수 없어.
> Adrian: "What?"
> 에이드리안: 뭐요?
> Rocky: "I can't beat him."
> 록키: 난 그를 이길 수 없어.
>
> - <록키(Rocky)>(1976)

사실 아무리 생각해 봐도 이길 수 있다는 생각이 들지 않는다는 것이죠. 하지만 그는 결코 포기한다는 것이 아니었습니다.

> It really don't matter if I lose this fight. It really don't matter if this guy opens my head, either. 'Cause all I wanna do is go the distance. Nobody's ever gone the distance with Creed, and if I can go that distance, you see, and that bell rings and I'm still standin', I'm gonna know for the first time in my life, see, that I weren't just another bum from the neighborhood.

내가 이 시합을 지더라도 그건 정말 중요하지 않아. 이 친구가 내 머리를 박살 내도 그건 중요하지 않아. 내가 그저 원하는 건 끝까지 가는 것이니까. 아무도 크리드와 끝까지 간 적이 없어, 그리고 만약 내가 끝까지 간다면, 그리고 (경기 끝을 알리는) 벨이 울리고 내가 여전히 서 있다면, 난 내 생애 처음으로, 내가 그냥 동네에 있는 또 하나의 쓸모없는 사람이 아니란 걸 알게 될거야.

- <록키(Rocky)>(1976)

최강의 상대를 맞아 피투성이가 되어도 마지막 라운드 벨이 울리는 순간까지 쓰러지지 않고 서 있을 수 있다면,

끝까지 갈 수만 있다면
if I can go that distance

잔잔하면서도 큰 울림으로 다가오는 그의 말.
여러분은 지금 어떤 시합 가운데 계신가요?

12
Legends of the Fall
가을의 전설

<가을의 전설(Legends of the Fall)>(1994)

가슴의 소리를 듣는 순간
우린 전설이 된다

지금은 국민 MC로 유명한 방송인 유재석 님. 오래전 그의 신인 시절 모습을 기억합니다. '연예가 중계'라는 프로그램에서 리포터로 나온 그를 처음 봤을 때, 어딘가 자신 없어 보이는 눈빛과 몸짓을 보며 소심했던 당시 제 모습이 함께 겹쳐 보여, 안타까운 마음마저 들었던 그 시절.

20여 년이 훨씬 지난 후 유재석 님은 한국 연예계의 전설이 되었습니다. 신인 시절 메뚜기 모자를 쓰고 나온 그가 참 많이 어눌해 보였다는 옆자리 선생님의 기억처럼, 자꾸 까먹고 자꾸 더듬고 반복되는 실수에 방송을 그만둘까 생각까지 했다는 분이 어떻게 지금의 영광까지 올 수 있었을까요?

> Some people hear their own inner voices with great clearness
> 어떤 사람들은 자신 내면의 소리를 아주 분명하게 듣는다
> and they live by what they hear.
> 그리고 그들은 그들이 듣는 바대로 살아간다.
> Such people become crazy,
> 그런 사람들은 미치게 되거나,
> or they become legends
> 전설이 된다.
>
> - <가을의 전설(Legends of the Fall)>(1994)

한창 젊은 시절의 브레드 피트가 주연한 영화 〈가을의 전설(Legends of the Fall)〉(1994) 시작 부분입니다. '내면의 소리를 분명하게 들을 수 있는 사람들은 전설이 된다.'

2011년 7월 '무한도전 서해안 고속도로 가요제'에서 유재석 님은 앞이 캄캄했던 무명시절 자신이 느꼈던 무력감과 좌절을, 그리고 이를 극복할 수 있었던 자신의 이야기를 노래 '말하는 대로'의 가사에 담아 진한 감동을 주었습니다.

> 주변에서 하는 수많은 이야기 그러나 정말 들어야 하는 건
> 내 마음속 작은 이야기 지금 바로 내 마음속에서 말하는 대로
> 말하는 대로 말하는 대로 될 수 있다고 될 수 있다고 그대 믿는다면
>
> — '말하는 대로' 처진 달팽이(유재석 & 이적) 중에서

우리 마음속 작은 이야기, '말하는 대로 될 수 있다.'는 내면의 소리를 들을 수 있는 지혜와 실천할 수 있는 용기가 그에게 있었기에 눈부신 오늘이 가능했음을, 그리고 바로 그 지혜와 용기가 우리에게도 있음을 저는 믿습니다.

> 세상은 가슴의 소리를 듣는 이들과 못 듣는 이들로 나뉜다.
> 행복한 삶과 불행한 삶도 그렇게 나뉜다.
>
> — 「홍정욱 에세이 50」 중에서

Wait A Minute

'유 퀴즈 온 더 블록'이라는 TV 프로그램에서 '월클 로봇공학자 데니스 홍'편 보셨나요? 세계적 로봇공학자인 데니스 홍 교수님은 중요한 선택의 기로에 선 순간 항상 가슴의 소리에 귀를 기울인다고 하십니다.

Why did I start this in the first place?
내가 애초에 이것을 시작한 이유가 뭐였지?

시작했을 때의 초심. '사회를 이롭게 하고 행복을 주는 따뜻한 기술'이 삶의 목표인 교수님. 그가 이미 전설이 된 이유는 바로 중요한 선택, 위기의 순간마다 그러한 마음이 흔들리지 않도록 가슴의 소리를 들을 줄 아는 지혜와 이를 실천할 용기를 가지고 있었기 때문이 아닐까요?

P.S. 교수님께서 말씀하신 귀한 문구 하나를 첨부합니다. 언젠가 어떤 프로젝트 추진 과정에서 오히려 그 프로젝트 수혜자들의 반발에 부딪혀 고민하고 계셨을 때 지인이 말해 준 조언이 방향을 잃지 않도록 큰 도움이 되었다고 합니다.

"저항이 있다는 것은 세상을 바꾼다는 증거야."

13
The Lord of the Rings: The Fellowship of the Ring
반지의 제왕: 반지 원정대

<반지의 제왕(The Lord of the Rings)>(2001)

후회하는 당신을 향한
마법사의 제안

2013년, 모 고등학교 교사로 근무하고 있던 어느 날 학교의 진로 진학 부서 기획을 맡기고 싶다는 제의가 왔을 때, 저는 결정을 해야 했습니다. 업무 특성과 비중을 감안할 때 이 일을 맡는다는 것은 교직 생활 외 다른 꿈, 당시 준비하고 있었던 방향을 포기하는 것을 의미했고, 학교 일을 하면서 갑상선 질환과 천식 등으로 이미 건강에 무리가 온 상황을 두고 고민하고 있던 차에 결국 학교를 사직하는 계기가 되었습니다.

그러나 학교 밖은 순진한 제 생각처럼 건강 상태에 맞추어 마음대로 쉬며 일할 수 있는 곳이 아니었습니다. 사직 후 시작하려던 사업을 바로 접은 후 2014년 대형 입시학원에서 근무를 시작했고 태어나 처음 겪어 보는 강도의 스트레스….

좌절과 후회의 감정으로 심하게 흔들리는 가운데, 포기할 것이냐 계속 갈 것이냐 홀로 강가에 서서 눈물 가득 고민하던 어느 영화 속 주인공의 모습은 어느새 제 것이 되어 있었습니다.

영화 〈반지의 제왕(The Lord of the Rings)〉(2001)을 소개합니다.
샤이어(The Shire)에서 평화로운 삶을 살던 유순한 호빗(Hobbit)족 프로도(Frodo)에게 어느 날 운명처럼 맡겨진 절대반지. 어둠의 군주 사우론(The Dark Lord Sauron)에 맞서 세상을 구할 막중한 임무를 띠고 그 반지를 파괴하기 위해 8명의 동료와 함께 여정을 떠나게 됩니다.

그 과정에서 프로도는 마법사 친구 간달프(Gandalf)가 고대의 괴물 발록(Balrog)과의 싸움 끝에 지하 광산 절벽 아래로 떨어지는 상황을 목격하고, 잔인한 적들의 연이은 공격과 추격으로 모두의 생명이 위험한 지경까지 놓이게 되죠.

뿔뿔이 흩어져 서로의 생사와 안부도 모르는 상황 속에서, 홀로 된 프로도는 결단을 위해 강가에 서 있습니다. 반지를 손에 들고 하염없이 흐르는 눈물과 함께.

> Frodo: I wish the ring had never come to me.
> 프로도: 반지가 나에게 오지 않았더라면 좋았을 텐데.
>
> I wish none of this had happened.
> 이 모든 일들이 벌어지지 않았으면 좋았을 텐데.
>
> Gandalf: So do all who live to see such times.
> 간달프: 살아가면서 그러한 시기를 겪게 되는 모든 사람들도 같은 생각을 한단다.
>
> But that is not for them to decide.
> 하지만 그건 그 사람들이 결정할 일이 아니지.
>
> All you have to decide is what to do with the time that is given to you.
> 네가 결정할 수 있는 모든 것은 네게 주어진 시간을 가지고 무얼 할 것이냐 하는 거란다.
>
> – <반지의 제왕(The Lord of the Rings)>(2001)

절대반지가 왜 하필 자신에게 와서 이런 상황을 겪게 되었는지, 후회하며 괴로워하는 프로도에게 마법사 친구 간달프가 예전에 해 주었던 말이었죠.

자신이 맡은 사명을 위해 지금 강을 건넌다면 숙명적으로 마주하게 될 공포를 너무나 잘 알고 있었던 프로도. 하지만 그는 절대반지를 움켜쥐고 굳게 결심한 듯 강을 건널 준비를 합니다.

프로도의 그 눈빛! 좌절과 회한으로 가득 차 있었던 그가 결연한 기운 가득, 확연히 달라진 표정으로 반지를 품에 넣곤 나룻배를 힘차게 밀며 나아갑니다.

바로 이 순간의 특별한 감동은 매번 떠올릴 때마다 제 가슴을 벅차게 했고, 위기와 고비가 찾아올 때마다, 후회와 절망의 깊이가 더하면 더할수록, 그만큼 더 큰 힘이 되어 주었습니다.

결국 눈앞에 이미 벌어진 일을 두고, 제가 결정할 수 있는 것, 그리고 제가 결정해야 하는 것은 언제나 오직 하나였으니까요.

'지금 주어진 이 시간을 가지고 과연 무엇을 할 것인가?'

Sam, I'm glad you're with me.
샘, 네가 함께 있어서 다행이야.

영화 〈반지의 제왕: 반지 원정대〉의 제일 마지막 장면, 마지막 대사입니다. 사실 프로도는 굳은 결심을 하고 배를 저어 나아갈 때, 혼자 갈 것을 고집했었지만, 익사할 위험을 감수하면서까지 함께하려는 샘을 차마 뿌리치지 못한 것이었는데요. 막상 이 극한의 여정을 시작하고 나니 샘이 함께 하는 것에서 큰 힘과 위로를 프로도는 얻었던 것이죠.

저는 한 번씩 입버릇처럼 "혼자 훨훨 날고 싶다."고 말하곤 했습니다. 왠지 굴레와 같은 삶, 짊어진 멍에를 내려놓고 어디든 가고 싶다는 생각이었지요. 그렇지만 얼마 되지 않아 금방 알게 되는 것은 사랑하는 아내, 아들, 딸에게서 얻는 힘,

고향 친구에게서 받는 위로, 직장동료에게서 배우는 추진력,

그 모든 경이로움에 대한 감사입니다.

정말, 함께여서 다행입니다.

"정말 아름다운 곡인데 어떻게 알아낼 길이 없네요."

교무실 뒷자리 수학 선생님이 답답함을 호소하며 어느 TV 프로그램 장면 속 음악을 들려주는 그 순간 단번에 알 수 있었던 이 곡, 메이 잇 비(May It Be).

* <반지의 제왕: 반지 원정대> 끝에 나오는 아름다운 곡으로 영화 속 주인공 프로도의 여정을 위한 기도의 노래입니다.

> May it be an evening star Shines down upon you
> 저녁 별이 너의 가는 길을 비춰 주기를
> May it be when darkness falls Your heart will be true
> 어둠이 내릴 때 너의 마음(용기)이 진실되기를
>
> - '메이 잇 비(May It Be)' 중에서

마침 그날 있었던 교실 수업에서 학생들에게 이 노래를 소개하며, 올 한 해, 그들의 힘겨운 여정에 대한 진심 어린 응원을 가사에 담아 전할 수 있었습니다.

14
Molly's Game
몰리의 게임

<몰리의 게임(Molly's Game)>(2017)

당신은 처참하게 무너질 준비가
되어 있습니까?

2020년 늦가을 종강일, 한 남학생이 따로 찾아와 감사 인사를 전하면서 이런 말을 해 주었습니다. "올 한 해 선생님께서 말씀해 주신 이 문장 하나로, 정말 힘겨웠던 재수 생활을 잘 버텨 낼 수 있었습니다. 감사합니다."

늘 피로, 스트레스와 싸우는 학생들을 위해 일주일에 한 번씩 힘이 되는 문장을 나누었던 터라, 과연 어떤 문장을 가리키는 것인지 저는 되물었습니다. 어떤 문장, 무슨 메시지였을까요?

> **Success is the ability to go from one failure to another with no loss of enthusiasm.**
> 성공은 열정을 잃어버리지 않고 실패에서 또 다른 실패로 나아가는 능력이다.
> - 윈스턴 처칠(Winston Churchill)

어느 영화에서 만나 학생들과 공유했던, 영국 정치인 윈스턴 처칠(Winston Churchill)의 명언이었습니다.

'저는 오늘 딱 한 가지만 묻고 싶습니다.
여러분은 실패를 할 준비가 되어 있는지?
처참하게 무너질 준비가 되어 있습니까?'

'모든 의미 있는 도전에는 분명 처참히 무너지는 실패의 경험이 뒤따르게 되어 있습니다.'

- 홍정욱 님의 서울여대 졸업식 연설 중에서

전 국회의원, 현재는 친환경 푸드 기업 올가니카를 운영하고 계신 홍정욱 님이 서울여대 졸업식 연설 첫머리에 하셨던 말씀입니다. 도전하는 삶의 필연적 과정으로서 실패를 언급하셨는데요. 결국 무엇을 시도하건 실패 없이 나아가기란 불가능하다는 말씀이겠죠. 문제는 우리의 의지와 열정이라는 것이 반복되는 실패와 함께 차츰 약해지고, 무너져 버린다는 것인데….

실화를 다룬 영화 〈몰리의 게임(Molly's Game)〉(2017)을 소개합니다.
올림픽 출전이 가능한 수준의 스키선수였지만, 부상으로 스키를 그만둔 이후 도박판 운영이라는 완전히 다른 삶을 살았던 몰리 블룸(Molly Bloom). 그녀는 곧 FBI의 표적이 되어 체포됩니다. 하지만 이후 FBI의 과잉수사로 밝혀지고 간단한 벌금형 정도로 마무리되죠.
몰리에게는 그냥 범죄자로만 치부할 수 없는, 무언가 남다른 점이 있었습니다. 실제로 몰리 측 변호사의 딸이 그녀를 롤 모델(role model)이라 고백할 만큼 어떤 특별함을 가지고 있었던 것이죠.

* role model: 본보기 혹은 모범이 되는 사람

그것을 압축하여 보여 주는 것이, 영화 끝부분 윈스턴 처칠의 말을 빌려 성공을 정의했던, 바로 이 문장이 아닐까 생각합니다. 핵심은 동일하지만 앞에 보여 드린 문장과 비교하여, 쓰인 단어의 차이가 살짝 있답니다.

> **Success is the ability to move from failure to failure with no loss of enthusiasm.**
> 성공은 열정을 잃지 않고 실패에서 실패로 나아가는 능력이다.
>
> - 윈스턴 처칠(Winston Churchill)

기꺼이, 두려움 없이, 실패할 준비가 되어 있는,
필요하다면 처참하게 무너질 준비가 되어 있는,
열정을 잃지 않고 실패에서 또 다른 실패로 나아갈 수 있는 성공의 주인공,
바로 당신입니다.

"저는 항상 세계 챔피언이 되는 꿈을 가지고 있었습니다.
그것이 일어나지 않을 수도 있다는 것을 알면서도 도전을 멈추고 싶지 않았습니다.
…실패는 여정과 배움의 일부이며, 실망 없이 성공하는 것은 불가능에 가깝습니다."

- 35세의 나이, 5번째 월드컵 도전에서 우승한 메시(Messi)의 SNS 메시지

* 「매일경제」 2022년 12월 24일자 기사에서 인용

Wait A Minute

일본의 스포츠 애니메이션 영화 〈더 퍼스트 슬램덩크〉의 열기가 뜨겁습니다. "뜨거웠던 젊은 시절로 돌아간 것 같아 눈물이 났다."라는 관객마저 있을 만큼 1990년대의 향수를 느끼게 하는 영화.

"감독님의 전성기는 언제였죠? 저는 지금입니다!" - 강백호
"그래 난 정대만, 포기를 모르는 남자지." - 정대만
"내가 산왕이라면 상대의 마음이 완전히 꺾이길 기다리겠지요. (우리는) 꺾이지 않을 테지만…." - 안 감독

*「중앙일보」 이영희 기자님의 [도쿄B화]를 참고했습니다.

그 시절 잊을 수 없는 명대사들이 중요한 순간 등장할 때마다 저도 모르게 탄성이 터져 나옵니다. 주인공 팀인 북산고와 최강 산왕공고의 경기를 박진감 있게 그리며 과거와 현재를 넘나드는 형태의 영화인데요. 정작 저에게 깊은 여운을 남겨준 것은 상대팀 산왕공고의 에이스 정우성이었습니다.

대회 전 트레이닝 겸 찾은 신사(神社)에서 이미 전국 최고의 선수로 자리매김한 자신이 더 성장할 수 있도록 자신에게 필요한 경험을 달라며 소원을 비는 정우성. 영화 끝부분 북산고와의 시합에서 패배 후 복도에서 퇴장하다가 멈춰서는 순간, 신사(神社)에서의 장면, 그 과거와 현재가 교차로 스크린을 채우는 가운데 그는 오열합니다.

잠시 후 한 층 성장한 듯 미국 리그에서 활약하는 정우성. 승승장구하던 그에게 더 큰 도약을 위해 꼭 필요했던 것은 바로 실패(失敗), 쓰라린 패배의 경험이었습니다.

15

Batman Begins
배트맨 비긴즈

크리스토퍼 놀란의 <배트맨 시리즈>

우리가 삶 속에서
넘어지는 이유

'넘어지는' 날이 있습니다.

뭔가 마음에 차지 않는 수업을 마치고 교무실에 털썩 주저앉아 분필 묻은 손 그대로 멍하니 바닥을 봅니다. '내가 이 정도밖에 안되나?' 넘치는 활기와 좋은 반응으로 구름 위를 걷는 듯하다가도 이따금 자괴감이 들 만큼의 실망스러운 수업은 고개를 떨구게 합니다.

〈인셉션(Inception)〉(2010), 〈인터스텔라(Interstellar)〉(2014), 〈덩케르크(Dunkirk)〉(2017), 〈테넷(Tenet)〉(2020), 그리고 〈오펜하이머(Oppenheimer)〉(2023)에 이르기까지 한국인이 좋아하는 감독으로 알려진 거장 크리스토퍼 놀란(Christopher Nolan)은 〈배트맨 비긴즈(Batman Begins)〉(2005), 〈다크 나이트(The Dark Knight)〉(2008), 그리고 〈다크 나이트 라이즈(The Dark Knight Rises)〉(2012)로 배트맨 시리즈를 훌륭하게 완성한 것으로도 잘 알려져 있습니다. 다 보고 나면 뭔가 허전했던 이전의 배트맨 영화들에 비해 철학적인 깊이가 더해졌다는 게 느껴진달까요?

Why do we fall, Bruce?

우리는 왜 넘어질까, 브루스?

So we could learn to pick ourselves up.

우리 자신을 일으켜 세우는 법을 우리가 배울 수 있도록 하기 위해서란다.

- <배트맨 비긴즈(Batman Begins)>(2005)

〈배트맨 비긴즈(Batman Begins)〉에서 아들 브루스(Bruce)에게 토마스 웨인(Thomas Wayne)이 해 주었던 말입니다. 절망과 위기의 순간마다 브루스의 영혼을 일으켜 세운 메시지였죠. '넘어지는' 순간마다 우리는 '일어서는 법'을 배우며 더 강해집니다.

삶의 고비에서 허락되는 배움의 기회, 그 쓰러지는 순간마다
더 꿋꿋하고 힘차게 일어서는 우리가 되길 바라며….

Wait A Minute

정말 오랜 기간 넘어지고 또 넘어진 팀의 놀라운 반전 스토리가 있습니다. 영국의 프로 사이클 팀, 팀 스카이(Team SKY)는 1908년부터 2008년에 이르기까지, 100년 동안 사이클 대회로 가장 유명한 투르 드 프랑스(Tour De France)에서 단 한 번도 우승하지 못했고, 올림픽에서도 딱 한 개의 금메달만 딸 정도로 성과가 많이 아쉬운 팀이었습니다.

하지만 2010년 즈음 데이브 브레일스포드(Dave Brailsford)가 새롭게 팀을 맡은 이후 분위기는 완전히 달라집니다. 그가 팀을 이끈 세 번째 해와 네 번째 해에 투르 드 프랑스(Tour De France)에서 각각 다른 선수를 통해 우승을 차지했고, 여섯 번째 해에 또 우승함으로써 4년간 세 번의 우승을 차지했으며, 2012년 런던 올림픽 때는 사이클 종목에서 가능한 모든 금메달 중 70%를 쓸어 담는 위업까지 달성하게 되죠. 비결이 무엇이었을까요?

데이브 브레일스포드는 아주 작은 것 하나하나에서 얻을 수 있는 이득에 주목하고 가능한 모든 것에서 1%씩의 업그레이드를 추진했습니다. 사이클 자전거의 타이어를 조금 더 가벼운 것으로, 자전거 안장을 더 편안한 것으로, 사이클 라이딩 수트를 더 인체공학적인 것으로, 선수들의 빠른 회복을 위해 훈련 후 쓰는 마사지 젤을 더 나은 것으로, 질병 감염을 피하기 위해 선수들이 손을 더 깨끗이 씻게 하는 것으로, 호텔에서 숙면을 취하도록 더 나은 베게를 쓰게 하는 것 등등. 이렇게 모인 1%, 1%, 그리고 또 1%의 계속된 업그레이드가 상상했던 이상의 결과를 안겨 준 것이었습니다.

제임스 클리어(James Clear)의 저서 「아주 작은 습관의 힘(Atomic Habits)」은 우리가 매일 1%씩만 더 나아지는 것을 365일 동안 이어 나갈 수 있다면 실제적으로 37배의 능력치 향상을 이룰 수 있다고 말합니다. 반면, 매일 1%씩 더 나빠진다면 365일 이후 능력 자체가 아예 없어지는 지경에 이르는 것 또한 지적하죠. '아무리 그래도 그렇지… 365일간 매일 어떻게 1%를 올려?'라며 불평하시는 분들을 위해 그는 조금 더 현실적인 대안을 제시합니다.

1%씩의 성장을 1년 중 232일만 해내더라도 10배의 능력치 상승이 약속된다는 것! 1.01의 232제곱은 10.059이니까요. 이는 주 5일 기준으로 주말을 제외하고 46주를 의미하니, 질병, 명절, 휴가, 또는 단순한 게으름 등의 돌발상황이 생기더라도 실현 가능한 성장 계획인 것이죠. 예를 들어, 지금 성적이 목표치의 10분의 1밖에 안 된다? 그의 계산을 따른다면 232일 동안 줄기차게 1% 업그레이드 포인트를 찾아내어 실천하는 것이 필요할 뿐입니다.

교실 제일 뒷자리에서 집중이 잘되는 앞쪽으로 한 칸씩 이동하는 것도 1%, 잘 안 써지는 필기구를 교체하는 것도 1%, 불편한 의자에 방석 하나 얹는 것도 1%, 싫어하는 선생님의 장점 하나를 찾는 것도 1%, SNS 하는 시간을 5분 줄여 일찍 자는 것도 1%, 이렇게 무수한 1%의 가능성이 지금도 여기저기 열린 채로 우리를 기다리고 있답니다.

> The way to do this is not by setting better goals
> 이것을 해내는 방법은 더 나은 목표를 정함으로써가 아니라
> but by building better systems and obtaining better habits.
> 더 나은 시스템을 만들고 더 나은 습관을 얻음으로써이다.
>
> - 제임스 클리어(James Clear), 「아주 작은 습관의 힘(Atomic Habits)」 중에서

16
Green Book
그린 북

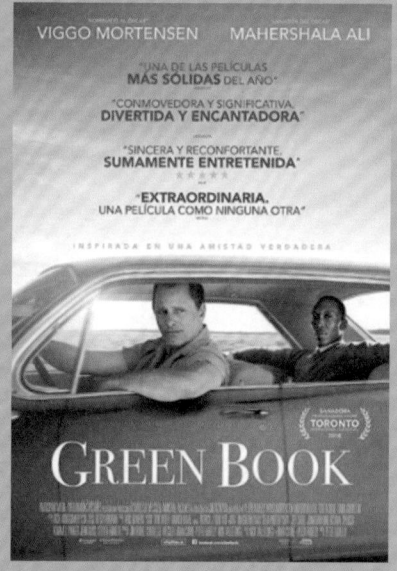

<그린 북(Green Book)>(2018)

우리를 바꾸고
세상을 구원하는 '이것'

학원 화장실에서 바쁘게 양치질을 하고 있던 어느 날 아침, 굉장히 용변이 급해 보이는 남학생이 문에 거의 달라붙어 애원하듯 닫혀 있는 문을 쓰다듬는 것이 보기에 참 우스우면서도 안타까웠습니다.

기다리다 못한 그 학생이 다른 층 화장실을 찾아 떠난 후, 다른 학생이 들어와 벽면에 있는 화장지를 둘둘 말길래, 저는 생각했죠. '친구야, 자리 없다.'

그런데 이 친구, 과감하게 가운데 문을 밀어젖히는데 그대로 열리는…! 그 학생이 들어간 화장실 칸 문을 거울로 들여다보며, 양치하던 입을 그대로 벌린 채 서 있던 그 순간 스친 생각,

'이것도 용기가 필요한 건가?'

영화 〈그린 북(Green Book)〉(2018)을 소개합니다.

1962년, 나이트클럽에서 기도(bouncer)로 일하던 토니(Tony)는 클럽이 사정상 쉬는 동안 흑인 클래식 피아노 연주자 돈 셜리(Don Shirley)의 남부 공연을 위한 운전사 겸 조수로 순회를 함께합니다.

* 기도(bouncer): 술집, 나이트클럽 등에서 입구를 지키는 사람

어느 날, 토니는 묻습니다. 도대체 왜 차별받지 않고 연주할 수 있는 북부가 아니라, 혹독한 인종 차별이 기다리는 남부에서의 공연을 돈(Don)이 고집하는 것인지.

돈(Don)의 동료 연주자는 말합니다.

> Being genius is not enough. It takes courage to change people's hearts.
> 천재라는 것만으로는 충분하지 않아요. 사람들의 마음을 바꾸는 데는 용기가 필요하죠.
>
> - <그린 북(Green Book)>(2018)

사람들의 마음을 변화시키고, 세상을 바꾸려면 현실을 피하지 않고 편견과 고정관념을 마주하여 과감하게 부딪치는 용기가 필요하다는 것이었죠.

세상을 바꾸는 위대한 용기는 영화 <아마겟돈(Armageddon)>(1998)에도 등장합니다.

미국 텍사스주만 한 크기의 혜성이 지구를 향해 점점 다가오는 가운데, 인류의 희망을 짊어진 긴급 대응팀의 출발과 함께 미국 대통령이 전 세계인들에게 보낸 메시지 중 일부.

> Through all of the chaos that is our history; through all of the wrongs and the discord; through all of the pain and suffering; through all of our times, there is one thing that has nourished our souls, and elevated our species above its origins, and that is our courage.

우리의 역사인 모든 혼돈을 거치는 동안, 모든 잘못과 불화를 거치는 내내, 모든 고통과 괴로움을 지나는 동안, 우리의 모든 시대를 거쳐, 우리의 영혼을 성장하게 하고, 우리 인간이 그 기원을 넘어서도록 끌어 올려 준 한 가지가 있으니, 그것은 우리의 용기입니다.

- <아마겟돈(Armageddon)>(1998)

이토록 경이롭고 위대한 용기! 그 출발점은 어디일까요? 교수이자 작가인 브레네 브라운(Brene Brown)은 TED 강연 '취약함의 힘(The Power of Vulnerability)'에서 용기를 다음과 같이 정의합니다.

> **To tell the story of who you are with your whole heart**
> **자신이 어떤 사람인가에 대한 이야기를 온 마음으로 말하는 것**

* 브레네 브라운은 '불안전할 수 있는 용기(the courage to be imperfect)'를 가리켜 말한 것이었습니다. 자신의 불완전함을 따뜻하게 끌어안고, 타인에게도 같은 마음으로 손을 내미는 것이지요.

결국 용기란 우리 마음의 작은 문을 여는 것에서부터 비롯됨이 아닐는지요. 열린 마음으로, 자신의 부족함까지 기꺼이 드러내는 용기는 세상을 포용하며 끌어안는 힘이 있습니다.

그리고 인종의 벽을 넘어 우리를 하나 되게 하고, 인류의 한계를 넘어 세상을 구원합니다.

이러한 용기를 가진 당신이 정말 든든하고 자랑스럽습니다.

어떤 은밀한 행위 중 체포된 돈 셜리는 곤경에 처한 자신을 유치장에서 꺼내 준 토니에게 고맙다는 인사는커녕 그 방식을 두고 오히려 '걱정해 주는 척 이타주의(利他主義)자 연기(演技)' 그만하라며 선을 넘어 버립니다.

사실 그는 흑인으로서 피할 수 없었던 인종 차별의 문제뿐만 아니라 성소수자(性少數者)로서, 그가 살고 있던 시기에 타인과 공유하기 쉽지 않은 고민을 안고 있었던 상황이었습니다.

다음 날, 자신의 무례를 정식으로 사과하는 그에게 토니는 말합니다.

> Don't worry about it. I('ve) been working nightclubs in New York City my whole life. I know it's a… complicated world.
> 걱정하지 마요. 난 평생 뉴욕의 나이트클럽에서 일했거든요.
> 난 (우리가 살아가는) 이곳이… 복잡한 세상이란 걸 알아요.
>
> - <그린 북(Green Book)>(2018)

순간 느껴졌던 그의 온기(溫氣)…
실수와 잘못의 출발점이 누구에게 있건
복잡한 세상 힘겹게 살아가는 서로를
토니처럼 따뜻하게 안아 줄 수 있기를.

• Wait A Minute •

혹시 최근에 손 편지 써 보셨나요? 영화 〈그린 북〉에서 토니가 아내에게 편지 쓰는 것을 돈 셜리가 돕는 장면이 세 군데 있습니다.

* 세 번째 장면에서는 이미 요령을 터득한 토니의 글이 완벽해서 손댈 곳이 없었죠.

탁월한 그의 표현을 혹시 빌려 쓸 수 있을까 싶어 정리해 두었습니다.

The distance between us is breaking my spirit.
우리 사이의 거리가 내 마음을 힘들게 하는구려.
My time and experiences without you are meaningless to me.
당신 없는 나의 시간과 경험은 무의미할 뿐.
Falling in love with you was the easiest thing I've ever done.
당신과 사랑에 빠지는 것이 내겐 가장 쉬운 일이었소.
Nothing matters to me but you, and every day I'm alive, I'm aware of this.
당신 말곤 어떤 것도 중요하지 않소, 그리고 내가 살아있는 매일, 난 이것을 알고 있소.
I loved you the day I met you, I love you today, and I will love you for the rest of my life.
당신을 만난 날 당신을 사랑했고, 오늘도 사랑하며, 남은 평생 당신을 사랑할 것이오.

- 〈그린 북(Green Book)〉(2018)

적절한 때에 손 편지로 부부애를 살려 보려구요.^^

P.S. 남남처럼 지내는 동생에게 먼저 연락하는 것을 꺼리는 돈에게 토니가 지나치듯 건넨 조언이 참 와닿아 공유했으면 합니다.

> I wouldn't wait. You know the world is full of lonely people afraid to make the first move.
> 나라면 기다리지 않겠어요. 아시다시피 세상은 먼저 손 내미는 걸 두려워하는 사람들로 가득 차 있잖아요.
> - <그린 북(Green Book)>(2018)

저 또한 예외가 아님에, 아플 만큼 큰 찔림이….

17
Temple Grandin
템플 그랜딘

<템플 그랜딘(Temple Grandin)>(2010)

당신을 위한
새로운 세상을 여는 문

> Consider it pure joy, my brothers and sisters, whenever you face trials of many kinds, because you know that the testing of your faith produces perseverance. Let perseverance finish its work so that you may be mature and complete, not lacking anything.
>
> 내 형제들아 너희가 여러 가지 시험을 만나거든 온전히 기쁘게 여기라.
> 이는 너희 믿음의 시련이 인내를 만들어내는 줄 너희가 앎이라.
> 인내를 온전히 이루라 이는 너희로 온전하고 구비하여 조금도 부족함이 없게 하려 함이라.
>
> 야고보서 1장 2-4절(James 1:2-4)

올해 영어과 방송 수업 제 분량 촬영이 시작되는 날입니다. 제가 근무하는 학원에는 아침 8시부터 30분 동안 진행되는 방송 수업 시스템이 있어서 국어, 수학, 그리고 영어 수업을 미리 녹화한 후 정해진 일정대로 방영합니다. 일반 교실 현장에서 하는 수업과 카메라만 들여다보고 하는 방송 수업은 확연히 차이가 있는 것 같습니다.

작년에 처음으로 방송 촬영을 시작할 때 얼마나 부담이 되던지… 1,000명 정도의 학생이 관심 혹은 무관심으로 애정 혹은 싸늘한 냉정함으로 지켜본다고 생각하니 숨이 막히는 느낌까지 들었습니다.

다른 강사분들은 편하고 여유롭게 잘만 하던데, 참 부끄러운 일이지만 가능하다면 피하고 싶었습니다. 첫 촬영을 앞두고 잠도 거의 설쳤던 저의 새 가슴, 피할 수 없는 숙명처럼 무겁게 짓누르는 방송실 육중한 문을 힘차게 열어젖힐 그 힘과 이유를 저는 애써 찾고 있었습니다.

영화 〈템플 그랜딘(Temple Grandin)〉(2010)을 소개합니다.

템플 그랜딘(Temple Grandin)은 자폐증(Autism)을 극복하고 미국 축산업에 큰 영향을 끼친 여성입니다.

고등학교 시절 특별한 재능과 명석한 두뇌를 가졌음에도 대학 진학에 대해 '굳이….'라며 꺼리는 템플에게 과학 선생님이셨던 칼록(Dr. Carlock)은 이렇게 말합니다.

> Think of it as a door.
> 그걸 하나의 문이라고 생각해 봐.
> A door that's going to open up onto a whole new world for you.
> 너를 위한 완전히 새로운 세상을 열어 줄 문 말이야.
> And all you need to do is decide to go through it.
> 그리고 네가 해야할 일은 그 문을 통과하겠다고 결심하는 것 뿐이란다.
>
> - <템플 그랜딘(Temple Grandin)>(2010)

익숙함과 편안함을 뒤로하고, 낯설고 어려운 도전을 한다는 것이 부담스러운 우리는 주저합니다. 하지만 그런 불편한 도전과 모험 없이는 지금껏 꿈꿔 온 새로운 삶을 열 수 없다는 것을 우린 알고 있습니다.

영화 끝부분에서 템플은 많은 사람 앞에서 자신 있게 말합니다.

> I worked summers at my aunt's ranch.
> I went to boarding school and college and those things.
> Those things were uncomfortable for me at first,
> but they helped me to open doors to new worlds.
> 저는 여름에 숙모 목장에서 일했습니다.
> 기숙학교와 대학 같은 곳도 갔습니다.
> 저에게 그것들은 처음에는 불편했지만,
> 그들은 제가 새로운 세상으로 가는 문들을 열도록 도움을 주었습니다.
>
> - <템플 그랜딘(Temple Grandin)>(2010)

불편하고 부담스럽긴 하지만 방송 수업도 결국 이 과정 없이는 절대 기대할 수 없는 새로운 세상을 열어 주는 문이 아닐지. 잠시 후 마주하게 될 방송실 문을 조금은 더 살갑게 떠올리며 저는 지금 열심히 방송 대본을 체크하고 있습니다.

Wait A Minute

2023년 월드 베이스볼 클래식(World Baseball Classic)이 일본의 우승으로 끝이 났습니다. 만화보다 더 만화 같고 영화보다 더 영화 같은 주인공과 엔딩.

> 지금이 내 인생에서 최고의 순간입니다.
> 오늘 우리가 이겼기 때문입니다.
> 물론 우리가 최종 목표를 달성했다는 것이 아닙니다.
> 단지 통과했을 뿐이죠.
>
> - 2023 WBC MVP, 오타니 쇼헤이

  9회 말 구원투수로 나선 오타니가 마지막으로 상대해야 했던 타자는 메이저리그 야구계를 대표하는 '캡틴 아메리카' 마이크 트라웃(Mike Trout)이었습니다. 불과 몇 년 전만 하더라도 동경의 대상이었던 그를 정면 승부로 넘어선 오타니가 했던 말은 '통과했다'는 것이었죠. 더 크고 새로운 세상으로 나아가는 관문을 운명처럼 만나 기어코 넘어선 것이었습니다.
  범접할 수 없는 실력과 완벽에 가까운 인성으로 찬사를 받는 선수, 오타니.
  전 세계 야구팬들은 물론 이제 한국에도 국적을 떠나 위대한 야구 선수로서의 오타니를 진심으로 응원하는 분이 많은 것을 보면서 '우리나라에도…' 하는 생각이 드는 건 욕심일까요?

18
Toy Story IV
토이 스토리 IV

<토이 스토리 IV(Toy Story IV)>(2019)

우디(Woody)가
주인공이 될 수밖에 없는 이유

많은 분들에게 꾸준히 사랑받고 있는 애니메이션 영화 〈토이 스토리〉. 3편에서 카우보이 장난감 우디(Woody)가 자신의 주인이자 오랜 친구였던 앤디(Andy)와 이별하는 장면을 볼 때만 하더라도 '아, 내 인생에서 추억할 아름다운 작품 하나가 막을 내리는구나.' 하며 아쉬워했는데, 끝난 것이 아니었습니다. 4편이 나왔거든요.

어느 한 장면에서 우디는 참 골치 아픈 새 장난감 친구 포키(Forky)를 지켜보며 돌보느라 너무 힘들어 보입니다. 그 모습이 안쓰러워 절친인 버즈(Buzz)는 자신이 그 일을 대신해 줄까 제안을 하고, 우디는 말합니다.

> No, no, I need to do this.
> 아니, 아니야. 내가 이걸 해야 해.
> That little voice inside me would never leave me alone if I gave up.
> 내가 포기하면 내 속에 있는 작은 목소리가 나를 내버려두지 않을 거야.
> - <토이 스토리 IV(Toy Story IV)>(2019)

그 목소리가 무엇인지 궁금한 버즈는 그것이 무엇인지 우디에게 계속 묻습니다.

Buzz: The voice inside of you. Who do you think it is?

버즈: 네 속에 있는 소리 말이야. 그게 누구라고 생각해?

Woody: Uh, me? You know, my conscience.

우디: 어, 나? 알잖아, 내 양심.

The part of you that tells you things, what you're really thinking.

네가 정말 생각하는 것을 너에게 말해주는 부분 말이야.

- <토이 스토리 IV(Toy Story IV)>(2019)

우리가 진정으로 생각하는 바를 일깨워 주는, 양심(conscience). 옥스퍼드(Oxford) 사전은 다음과 같이 정의합니다.

'The part of your mind that tells you whether your actions are right or wrong.'

즉, '우리의 행동이 옳은지 그른지를 말해주는 마음의 부분'이라는 말씀. 우디에게는 그 내면의 소리를 귀 기울여 들을 줄 아는 지혜가 있었던 것이죠. 우리가 사는 삶의 주인공이 될 자격이란 바로 이러한 지혜를 가리키는 것이 아닐까요?

Hey. Listen to your inner voice.
친구야. 자네 내면의 소리를 들어봐

영화 마지막 장면, 연인 같은 동료 보(Bo)와 함께 세상을 향한 모험을 시작하느냐 어린 소녀 보니(Bonnie)의 장난감으로 다시 돌아가느냐를 두고 왠지 주저하는 우디에게, 절친 버즈가 해 준 말입니다.

자신이 정말 생각하고 있는바 무엇이 옳은 것인지를 말해 주는 내면의 소리(inner voice)를 놓치지 않도록, 우디에게 배운 그대로 깨우쳐 주는 버즈의 특별한 우정이 담긴 대사입니다.

결국 모험을 선택하여 떠나는 우디.

영화 중반에 "밖에 나가서 세상을 경험해 보는 거, 생각해 본 적 있어요?"라는 보의 권유를 처음 듣고 난 이후부터 우디 마음속 내면의 소리는 계속 같은 말을 해 주고 있었던 것 같습니다.

오늘 여러분의 마음속에서는 어떤 깊은 울림이 들려오는지요?

19
Sing II
씽 II

<씽 II(Sing II)>(2021)

남들이 말하는 것이
전부라고 믿는 당신께

지나온 삶의 시간, 힘겨운 순간을 함께해 준 소중한 위로, 그리고 실패의 아픔이 깨우쳐 준 지혜를 많은 분과 공유할 수 있다면 얼마나 좋을까 생각해 왔습니다. 지난주에 선배 선생님을 통해 어느 출판사 대표님께 아직은 미완이지만 어느 정도나마 모양을 갖춘 파일을 보내드리고, 또 그 선생님께서 '슈퍼 평론가'라고 부르시는 분께도 책 파일을 메일로 보내드린 후 검증과 평가를 기다리고 있습니다.

설레는 마음, 나름의 확신과 믿음으로 생애 첫 저서 출간을 도전하지만, 이런저런 걱정과 불안한 마음은 어찌할 수 없는 것 같습니다. '어떤 말씀을 하실까? 아니, 얼마나 혹독한 비난을 하실까?' 떨림과 긴장으로 머릿속이 참 분주하고 어지럽습니다.

> Nana: Never mind what this person you don't even know said.
> 나나: 자네가 알지도 못하는 사람이 말한 것 따위는 신경 쓰지 마.
>
> Do you think you're good enough?
> 자네가 충분히 뛰어나다고 생각하나?
>
> Moon: Of course, but…

문: 물론이죠, 하지만…

Nana: Then you must fight for what you believe in.

나나: 그럼 자네가 믿는 바를 위해 싸워야지.

Guts, stamina, faith.

배짱, 지구력, 신념.

These are the things you need now.

이것들이 자네가 지금 필요한 것들이야.

- <씽 II(Sing II)>(2021)

어린 시절 뮤지컬 무대를 처음 본 후 최고의 쇼 비즈니스 사업가가 되겠다고 결심한 버스터 문(Buster Moon). 전편(前篇) <씽>(2016)에서 '착각에 빠진 한물간 사기꾼(a deluded washed-up charlatan)'이라는 혹평에 파묻혀 포기할 뻔했지만, 그는 이를 딛고 멋지게 재기합니다.

하지만, 그는 <씽 II>(2021)에서 다시 위기를 맞게 됩니다. 작심하고 준비한 뮤지컬이 거물급 회사의 스카우트(scout)에게 별것 없다는 반응을 얻은 것이죠. 오래전 비슷한 좌절의 상황을 직면하여 놀라운 반전을 보여 주며 큰 성공을 거둔 그였지만, 닮은 꼴의 절망은 닮은 꼴의 무기력을 또 한 번 이끌어 냅니다. 바로 이때 나나(Nana)는 그에게 특별한 지혜를 건넨 것이었습니다.

펜실베이니아대학교의 심리학 교수 앤젤라 덕워스(Angela Duckworth)의 흥미로운 연구를 소개합니다. 미국의 사관학교 웨스트 포인트(West Point Military Academy)에서 어떤 생도들이 성공적으로 과정을 완수하는지, 전국 규모의 단어 철자 맞히기(spelling bee) 대회에서 어떤 학생들이 높은 순위까지 진출하는지, 수업 환경이 열악한 지역에서 근무를 시작한 신임 교사들 중 누가 끝까지 그해 수업을 완수하고 학생들의 학력을 가장 많이 끌어올리는지, 일반 회사에서 근무하는 영업 사원들 중 누가 생존에서 살아남아 가장 많은 돈을 버는지, 각각 다른 상황들이었지만, 앤젤라 덕워스 연구팀은 그들의 성공을 예측할 수 있는 하나의 척도를 발견하게 됩니다.

그것은 바로 grit(근성)!

앤젤라 덕워스는 grit을 이렇게 설명합니다.

> Grit is passion and perseverance for very long-term goals. Grit is having stamina. Grit is sticking with your future, day in, day out, not just for the week, not just for the month, but for years, and working really hard to make that future a reality.
>
> 근성은 아주 장기적인 목표들을 위한 열정과 인내입니다. 근성은 스태미나(오랜 기간의 육체적 정신적 노력을 지탱하는 능력)를 가지는 것이죠. 근성은 해가 뜨나 해가 지나, 단지 일주일 동안이나, 한 달만이 아니라, 몇 년에 걸쳐, 당신의 미래를 붙들고 늘어지는 거예요. 그리고 그 미래를 실현하기 위해 진짜 열심히 노력하는 겁니다.
>
> - 앤젤라 덕워스(Angela Duckworth)

목표를 향해 나아갈 배짱(guts), 매일매일 꿈과 미래를 붙들고 버티는 지구력(stamina), 수년간의 세월이 지나도록 일관되게 노력을 이어 갈 수 있는 신념(faith)까지. 결국 나나의 조언처럼 '배짱(guts), 지구력(stamina), 신념(faith)'이 필요하다는 것이겠죠.

특히 실패를 경험한 후 재도전의 길을 선택하는 모든 이들에게 꼭 필요한 단어가 grit이 아닐까 생각합니다. '모래(sand)', '자갈(gravel)'이라는 어원을 가진, grit의 동사 의미가 바로 'clench or grind the teeth in anger or determination'(출처: Webster's New World College Dictionary)인데요.

즉, '분노 혹은 결연함으로 이를 악물거나 간다.'라는 의미로서 진정한 끈기와 근성이 무엇인지를 정확히 가리키고 있으니까요. '와신상담(臥薪嘗膽)'의 느낌 그대로 말이죠.

덕워스 교수는 이 grit을 얻는 최고의 방법으로서, 배움의 능력이 고정된 것이 아니라 노력으로 달라질 수 있다는 믿음, 바로 스탠퍼드대학교의 심리학 교수 캐롤 드웩(Carol Dweck)이 주창하는 '성장 마인드 셋(growth mindset)'을 제안합니다. 도전적 과제를 만날 때마다 우리의 두뇌는 변화하고 성장하며, 이로 인해 '과거에 겪었던, 혹은 지금 겪고 있는 실패가 결코 영원할 수 없음을 믿는 것'이 중요한 포인트라는 것이지요.

오랜 세월, 운명처럼 지금껏 이어진 무수한 실패와 좌절 이후에도 여전히 포기할 수 없는, 아니 절대 포기하지 않는 제 모습이, 어리석은 미련이 아닌 참된 grit이기를 믿는 바람…

조용히 제 가슴속 고요한 외침에 고개를 끄덕입니다.

> 내가 알지 못하는,
> 그리고 나를 온전히 알지 못하는 분의 평가는
> 그분만의 생각과 판단일 뿐,
> 결코 나를 정의하는 한계가 될 수 없어!

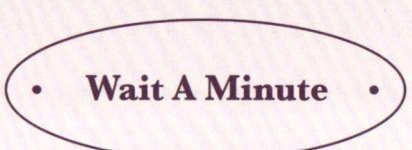

Wait A Minute

'슈퍼 평론가'라는 분으로부터 응답이 왔습니다. 선배 선생님이 보여 주셨던 짧은 메시지에서 강하게 느껴졌던 싸늘함, 차가움. 한마디 기억나는 건, '요즘은 이상한 사람들이 책을 쓰려 한다.'는 것… 그 이상한 사람은 저였고, 사실 제 책을 그분이 온전히 다 읽지 않으신 것 또한 알 수 있었습니다. 그 순간 마음에 느꼈던 실망? 괜찮습니다. 지금 제게는 버스터 문(Buster Moon)에게 해 주었던 나나의 메시지가 더 크고 강한 울림으로 뇌리를 꽉 채우고 있으니까요!

알지도 못하는 사람이 말한 것 따위 신경 쓰지 마.
내가 믿는 바를 위해 싸워야지.
배짱, 지구력, 신념.
이것이 내가 지금 필요한 것들이야.

20
About Time
어바웃 타임

<어바웃 타임(About Time)>(2013)

어쩌면 오늘이
완벽한 날이 될지 몰라요

어느 일요일 아침 흰색 경차 한 대가 열심히 도시 한복판을 달리고 있습니다. 토익(TOEIC) 시험 입실 마감 시간이 거의 다 된 상황, 시험장 진입을 앞두고 마지막 네거리에서 지하철 공사로 인한 도로의 높낮이 차이를 미처 못 본 탓에 갑자기 제 차는 잠시 공중에 뜬 것처럼 점프 후 쾅~! 차가 쪼개지는 줄 알았지만 어떻게 버텨 주어 무사히 시험장 교문을 통과하고 헐레벌떡 입실에 성공합니다.

평소 같으면 넉넉한 시간에 도착해서 차분하게 명상이라도 하고 있었을 텐데, 이날만큼은 명상은커녕 처음부터 진행 과정 하나하나가 온통 뒤죽박죽 짜증투성이입니다. 듣기(listening) 시험 도중 자꾸 드는 잡생각에 문제를 놓치고는 미련 탓에 앞 문제를 생각하다 뒷 문제도 놓치고 필기구를 교실 바닥에 집어던지려다 겨우 참습니다. 도대체 어떻게 그 시험을 끝까지 버텼는지 기억도 나지 않습니다. 집에 돌아와서 잘 쳤는지 묻는 아내에게 차마 하지 못했던 말, '망쳤어.'

3주 후, 학교 교무실에서 저는 처음 받아 본 '토익 만섬' 성적표를 들고 한편으론 어이없어하면서도 분명 활짝 웃고 있었습니다. 시험일 당시 제 눈에는 절대 그렇게 보이지 않았던 모든 과정 하나하나가 사실은 제게 완벽했던 것이었죠.

우리 마음에 따뜻함을 안겨 주는 영화 〈어바웃 타임(About Time)〉(2013)을 소개합니다. 유명한 로맨스 코미디 작품인 〈러브 액츄얼리(Love Actually)〉(2003) 제작진의 작품으로 많은 분의 사랑을 받는 영화인데요. 대략적인 스토리는 이렇습니다.

스물한 살이 된 팀(Tim)은 아버지로부터 놀라운 사실을 듣게 됩니다. 대대로 집안의 남자들에게 시간 여행을 할 수 있는 능력이 있었다는 것이지요. 벽장 같은 어두운 곳으로 가서 눈을 감고 주먹을 쥔 후 돌아가고 싶은 그 순간을 떠올리면 된다는 겁니다. 당연히 팀 자신도 그 능력이 있음을 알게 되죠.

비록 미래가 아닌 과거로만, 그리고 자신이 이미 경험한 그 순간으로만 이동이 가능하다는 제약이 있어 역사 전체를 바꿀 수는 없지만, 자신의 삶 속에 벌어지는 일들은 원하는 대로 바로잡을 수 있는 정도였습니다. 그래서 그는 더 나은 세상을 만들기로 결심합니다. 여자 친구를 사귐으로써…^^ 그 이후 벌어지는 이야기.

He told me to live every day again almost exactly the same.
그는 내가 매일매일을 거의 똑같이 살아 보도록 말씀하셨죠.
The first time with all the tensions and worries that stop us noticing how sweet the world can be, but the second time noticing.
처음에는 세상이 얼마나 달콤한 것인지 우리가 알지 못하도록 막는 긴장과 걱정으로 살아 보고, 하지만 두 번째는 (긴장과 걱정을 내려놓고 세상의 달콤함을) 주목하면서.

Okay, Dad. Let's give it a go.
좋아요, 아빠. 한번 해 볼게요.

- <어바웃 타임(About Time)>(2013)

아버지가 말해 준 '행복을 얻는 비밀 공식(secret formula for happiness)'을 영화 후반부에 직접 실천해 보는 장면에서 말한 것인데요, 같은 하루의 동일한 일과를 두 번 경험해 보는 것이었습니다.

첫 번째, 직장에서 동료가 상사에게 지적받는 무거운 아침. 바쁜 가운데 편의점에서 무표정하게 뭔가를 구매하고, 법정 재판 시간에 맞추느라 헐레벌떡 달리며, 그나마 다행스러운 재판 결과에 소심하게 내미는 안도의 한숨. 돌아오는 지하철에서는 옆자리 승객의 시끄러운 음악 소리까지. 팀은 말합니다.

Tough Day....
힘든 하루였어….

같은 날의 두 번째, 직장에서 지적받는 동료에게 상사를 살짝 놀리는 비밀 농담을 건네며 그를 위로하고, 편의점 직원과 밝은 표정으로 대화하며 인사도 잊지 않고, 법정 재판 시간에 맞추느라 바쁘게 달리다가 갑자기 건물 내부를 둘러보며 "멋지지 않니?" 말하는 여유도 가져 보고, 재판에서의 승리 후 익살스러운 장난으로 동료와 기쁨을 만끽하며, 돌아오는 길 지하철 옆자리 승객의 음악 소리에 맞추어 리듬을 타는 여유까지!

그는 말합니다.

Very good day, actually.
사실, 아주 괜찮은 날이었어.

같은 장소와 같은 일과였지만, 지나친 긴장과 걱정을 내려놓고 순간순간의 달콤함과 소중함에 주목했을 때 전과 후는 팀에게 완전히 다른 날이 되었던 것이죠. 대충 눈에 보이는 그 겉모습과 달리 우리의 오늘은 정말 완벽한 날일 수 있습니다.

Wait A Minute

삶의 일상이 지닌 달콤함을 팀이 새롭게 발견하던 그 하루의 환한 느낌. 거기서 배경음악으로 쓰인 Gold in Them Hills가 저는 너무 좋았는데요. 가사를 함께 음미하시면서 들어 보시길 꼭 추천합니다. 'Gold in Them Hills'는 사람들이 금을 캐기 위해 1849년 미국 서부로 대거 이동한 골드러시(Gold Rush)가 있었을 때 만들어진 표현으로 '저 언덕에 금이 있어요.'라는 의미와 함께, '저기에 풍요로움 혹은 기회가 있어요.'라는 의미로도 쓰인답니다.

> I know it doesn't seem that way
> 그렇게 보이지 않는다는 것 알아요
> But maybe it's the perfect day
> 하지만 오늘이 완벽한 날일지도 몰라요
> Even though the bills are piling
> 비록 청구서는 쌓여가고
> Maybe Lady Luck ain't smiling
> 행운의 여신이 미소 짓지 않을지라도 말이에요.
>
> - <어바웃 타임(About Time)>(2013)
> 영화 속 노래 'Gold in Them Hills' 중에서

The truth is I now don't travel back at all, not even for the day. I just try to live every day as if I've deliberately come back to this one day, to enjoy it, as if it was the full final day of my extraordinary, ordinary life.

사실 저는 이제 시간 여행을 하지 않습니다. 단 하루조차도. 저는 그저 이 하루를 위해 일부러 시간 여행을 온 것처럼 매일을 살며, 나의 특별하면서도 평범한 삶의 온전한 마지막 날인 것처럼, 누리려 노력할 뿐입니다.

- <어바웃 타임(About Time)>(2013)

팀은 아버지의 '행복을 얻는 비밀 공식(secret formula for happiness)'에서 한 걸음 더 나아간 삶을 살아갑니다. 눈을 떠 맞이한 새로운 하루를 당연하게 주어진 것이라 생각하지 않고, 특별히 그 하루를 누리기 위해 시간 여행으로 돌아온 것처럼, 그리고 온전히 보낼 수 있는 자신의 마지막 날인 것처럼.

후배를 불치병으로 떠나보낸 어느 대선배의 이야기가 생각납니다. "형님, 할 수만 있다면, 한 번만 더, 그 시절로 돌아가 교실에서 학생들과 신나게 수업하고 싶어요…." 후배의 바람을 듣고, 함께 많은 눈물을 흘리셨다며, 눈시울이 붉어지셨던 그 순간. 나이 때문이건 무엇 때문이건, '이제 길어야 3년'이라는 동료의 푸념이 함께 떠오릅니다. '그렇구나, 나도 몇 년이 지나고 나면….'

정신없이 분주하고 학원 업무량이 많아 늘 부담스러웠던 월요일 출근, 닥친 내일이 갑자기 소중하게 여겨지는 건 팀의 지혜와 대선배의 말씀이 제게 안겨준 귀한 깨달음이 아닐까요?

We're all traveling through time together, every day of our lives. All we can do is do our best to relish this remarkable ride.
우린 모두 함께 시간 여행을 하고 있는 것이죠. 우리 삶의 매일매일을. 우리가 할 수 있는 건 이 멋진 여행을 즐기기 위해 최선을 다하는 것입니다.

- <어바웃 타임(About Time)>(2013)

과거를 되돌리는 정도의 시간 여행을 넘어선, 오늘 이 하루를 온전히 마음껏 누리는 특별한 시간 여행! 자신 있게 권합니다. 오늘 당장, 바로 지금, 어떠세요?

C side

멀리보기
희망, 믿음

21
Free Guy
프리가이

<프리가이 (Free Guy)>(2021)

NPC(배경 캐릭터)로만 살기엔
너무 짧은 인생

수능을 정확하게 40일 앞두고, 점심시간에 한 학생이 찾아왔습니다. 멀쩡하게 잘 되던 공부가 갑자기 하기 싫고 집중도 안 된다고 하더군요. 부끄럽지만 그와 비슷했던 제 학창 시절 경험을 이야기해 주었습니다. 항상 시험 기간만 되면 공부하기 싫어서 놀며 시간을 허비했던 그 시절. "우린 참 닮았다. 그렇지?"

누군가의 압박 때문이건 아니면 그냥 임박한 시험 자체 때문이건, 선택의 여지 없이 무언가를 해야만 하는 때. 부담감을 느끼고 싫은 마음이 드는 건 모두가 비슷하지 않을까요. 공감의 위로와 함께 격려의 말을 전하면서 상담을 마무리했습니다.

그런데 다른 길이 있음을 제게 깨우쳐 준 학생이 있었습니다. 바로 며칠 전 이 학생의 촉촉한 눈가를 보았던 터라 힘들어하고 있구나 하는 생각으로 응원의 말을 해주려 했는데, 그 학생이 오히려 제게 이런 말을 들려주었습니다.

"체력적으로 힘들고 버겁긴 하지만 눈앞에 보이는 목표를 향해 계속 노력할 수 있다는 것, 그리고 차츰 변화되는 성적을 보면서 더 나아가고 있는 자신이 정말 신기하기도 하고 대견한 것 같아서…"

어느새 다시 촉촉해진 이 학생의 눈에서 제가 본 것은 부담, 짜증, 피로가 아닌 놀라운 근성과 희망이었습니다. 실제로 그는 올해 학원 전체 석차 301등에서 현재 81등으로, 작년 수능 대비 과목별 평균 2등급씩 총 8등급 상승을 이뤄낸 상황으로 자신의 수고와 노력이 일궈낸 결과에 신기해하고, 또 거기서 그치지 않고 계속 분투하는 자신을 보며 감동과 감격의 선순환(善循環)을 경험하고 있었던 것.

대화를 나누는 동안, 마치 그 감동과 감격이 제 것인 듯 저 또한 참 기뻤고 대견스러웠습니다. 이 학생은 결국 2024 대입에서 원하는 대학 학과에 당당히 합격했습니다.

영화 〈프리가이(Free Guy)〉(2021)의 대사가 떠오릅니다.

> **Life doesn't have to be something that just happens to us.**
> **삶이 그냥 우리에게 벌어지는 것일 필요는 없는 거야.**
>
> - <프리 가이(Free Guy)> (2021)

언뜻 보면 무슨 말인가 싶습니다. 마치 학생들이 수능 영어 문제를 풀며 '해석은 되는데 무슨 뜻인지 모르겠어요.' 하는 느낌? 이 영화의 주인공인 가이(Guy)는 NPC(Non-Player Character)로, 게임 속 배경으로만 쓰이는 엑스트라입니다.

사람들이 직접 플레이하는 캐릭터들에게 온갖 시달림만 당하며 설정된 스토리 이외의 삶은 애초에 생각하지 못하는 AI(인공 지능)인 것이죠.

하지만 어찌된 일인지 그는 놀랍게도 주어진 상황을 넘어, 스스로 생각과 행동을 하게 됩니다.

그는 그저 삶이 정해 주는 대로만 처한 상황이 허용하는 선에서만 살며, 게임 내 엑스트라로서 뺏으면 뺏기고 때리면 맞고 쏘면 죽는 것이 전부였었지만, 이제 그 한계를 초월하여 생각하고 행동합니다. 게다가 이제는 나아가 이러한 삶을 자신이 가장 아끼는 친구에게도 권하는 가이(Guy).

> **Life's too short to be a background character.**
> **삶은 배경 (깔아주는) 캐릭터로 살기에는 너무 짧다.**
>
> - <프리 가이(Free Guy)>(2021)
> 포스터 이미지에 있는 문구

시험이 닥치면 스트레스에 시달리고, 실패하면 실망감에 당연히 젖어 드는 식의 상황에 휘둘리는 삶은 게임 속 엑스트라(배경 캐릭터)의 삶과 다르지 않습니다. 우리들의 소중한 인생을 NPC로만 사는 실수는 하지 않기로 약속~~!

영화 〈프리가이〉의 이 장면은 스티븐 코비(Stephen R. Covey)의 저서, 「성공하는 사람들의 일곱 가지 습관(Habits of Highly Effective People)」에서 제시한 첫 번째 포인트, '자신의 삶을 주도하라(Be Proactive)'를 떠올리게 합니다.

이런저런 환경 탓만 하며 앉아 있기보다 우리 자신의 선택으로 바꿀 수 있는 것들, 즉 태도(attitude), 열정(enthusiasm), 습관(habits) 등에 초점을 맞추어 '능동적'으로 '진취적'으로 그리고 '주도적'으로 행동하라는 것입니다.

임박한 시험이라는 하나의 상황도 받아들이는 우리 태도에 따라 스트레스와 부담만 주는 도피성 행동의 이유가 될 수도 있고, 뭔가 보여 줄 좋은 기회로서 더 힘을 내게 하는 놀라운 동력이 될 수도 있음을 앞서 말씀드린 두 학생이 보여주는 것 아닐까요?

> Life is 10% what happens to you and 90% how you react to it.
> 삶은 당신에게 벌어지는 일이 10%
> 그리고 당신이 그것에 어떻게 반응하는지가 90%이다.
>
> - 찰스 스윈돌(Charles R. Swindoll)

찰스 스윈돌(Charles R. Swindoll)에 따르면, 좋은 것이건 나쁜 것이건 삶 속에서 주어지는 상황 그 자체가 우리 삶에 영향을 미치는 비중은 고작 10%에 지나지 않습니다. 나머지 90%는 우리가 그것에 대해 보이는 반응, 즉 그 상황과 환경을 어떻게 받아들이고, 어떻게 대응하느냐에 달려 있다는 것.

같은 분량의 성공과 실패, 희망과 좌절이 주어진다고 하더라도 각각 사람들이 보여 주는 반응에 따라 70억 인구가 만든 70억 가지 모양의 각기 다른 삶이 만들어지는 것이죠.

    오늘 일어난 일(10%)에 대한 우리의 반응(90%)은 어떤 것이었을까 조심스레 돌아봅니다.

• Wait A Minute •

아직은 더위가 한창인 8월 중순, 그냥 보내기 아까웠던 주말 저녁. 산책을 위해 자전거를 타고 막 나서는 순간, 빗물이 뚝뚝 떨어져 골목길 어느 빌라 주차장에 잠시 피신했다가 모기에 숱하게 뜯긴 후 5분 만에 쫓겨나 집 주변에서 30분 대기 끝에 잦아든 비를 보고 다시 도전.

흙받이가 없는 자전거로 젖은 길을 달리다 보니 흰색 티셔츠 앞뒤에 온통 흙탕물이….

'모기에 엄청 뜯긴 것도 모자라 흙탕물까지 덮어쓰네. 이게 뭐람….'

하지만 이내 든 생각.

'남은 평생 언제 또 비 오는 날 이렇게 달릴 수 있겠어? 내 삶의 마지막 빗속 라이딩(riding)?'

그 순간, 시야가 갑자기 넓어지면서 엔돌핀이 확~!

중고등 학창 시절 이후 수십 년 만에 처음으로 비를 흠뻑 맞으며 흰색 티가 흙탕물 범벅이 되도록 실컷 달렸던 시간. 자전거 도로 주변 벌레 소리와 산책로 옆 세차게 흐르는 개울까지 시원 상쾌했던 두 시간 남짓 자전거 힐링 산책을 마치고 돌아온 저를 보며 "도대체 이게 무슨 일이야?" 하고 묻는 딸에게

"오늘 멋졌어!!"

모기에 물려 퉁퉁 부은 장딴지, 빗물이 뚝뚝 떨어지는 흙탕 범벅 흰색 티셔츠의 천진난만 중년 남자는 본인 피셜로 온 집이 환해질 만큼이나 밝게 웃고 있었답니다.

* '본인 피셜'은 요즘 세대가 쓰는 말로서, 공식적인 의견은 아니지만 자신의 생각이나 입장을 바탕으로 한 주장을 이르는 것이라 합니다. 저도 사실은 처음 사용해 봅니다.

Your living is determined not so much by what life brings to you as by the attitude you bring to life; not so much by what happens to you as by the way your mind looks at what happens.

당신의 삶은 삶이 당신에게 가져다주는 것보다, 당신이 삶에 가져오는 태도에 의해 결정되며, 당신에게 일어나는 일보다, 당신의 마음이 그 일을 어떻게 바라보는지에 의해 결정된다.

- 칼릴 지브란(Khalil Gibran)

22
Ratatouille
라따뚜이

<라따뚜이(Ratatouille)>(2007)

위대한 예술가는
아무나 되는 게 아니다?

새내기 학원 강사로 근무를 시작한 지 얼마 되지 않았음에도 금방 적응하고 실력을 인정받아 멋지게 강사 생활을 하고 있는 어느 젊은 선생님께 진심으로 그 모습을 칭찬하고 어떻게 그렇게 할 수 있는지 물었습니다.

"저는 주어지는 과제나 부담을 피하지 않는 탓에 때로는 감당이 되지 않아 깨지기도 한답니다. 하지만 저는 항상 어떤 극한 상황이나 위기 상황이 닥쳤을 때, 제가 어떻게 대응하고 극복해 낼 것인지 늘 궁금해하는 편이라, 그런 일을 겪을 때마다 뭔가 배우게 되는 부분이 정말 좋거든요."

낯설고 새로운 것을 쉽게 안아 주지 않는 세상. 그 속에서 치열하게 도전하며 자신의 삶을 찾고 만들어 가는 법을 선생님은 벌써 터득한 것이었을까요? 중년의 나이를, 호의적이지 않은 세상을 탓하며, 그냥 이대로 안주하려던 제 마음속 바닥이 드러난 듯 저는 너무 부끄러웠습니다.

명작 가운데 하나로 손꼽히는 애니메이션 작품, 〈라따뚜이(Ratatouille)〉(2007)를 소개합니다. 후각과 미각이 매우 예민하고 영리한 레미(Remy)는 요리에 무척 관심이 많아 셰프가 되는 것을 꿈꾸는 친구입니다.

비록 가족들의 바람과도 거리가 있고, 굉장히 심각한 문제 또한 있긴 하지만 말이죠. 바로 주방 퇴치 대상 1위인 생쥐라는 사실! 우여곡절 끝에 레미는 주방에서 일하는 청년 링귀니(Linguini)를 만나게 되는데, 마침 그는 요리에 재주가 없어 그냥 청소부로 들어온 상황입니다.

요리사로 인정받고 싶지만 실력이 없는 링귀니와 요리 실력이 뛰어난데도 주방에서 실력을 발휘하기 위해서는 사람의 모습이 필요한 레미. 그 둘의 조합이 만들어 내는 흥미진진한 사건들은 단순한 재미를 넘어 감동을 선사합니다.

이 영화 속에는 요리 평론가, 안톤 이고(Anton Ego)라는 인물이 나오는데요. 그가 쏟아내는 혹평들은 레미와 링귀니의 식당 창업자인 구스토(Gusteau)가 실의에 빠져 사망에 이르게 할 만큼 냉혹하기 짝이 없습니다.

구스토의 사망 이후 그의 식당은 어느새 삼류가 되어 버립니다. 세월이 흘러 구스토의 식당이 다시 엄청난 인기를 누리게 되자, 이를 믿을 수 없었던 이고(Ego)는 직접 요리평을 하기 위해 정말 오랜만에 재방문을 하게 되는데, 까다롭기로 소문난 평론기인 그에게 소박한 요리, 라따뚜이(Ratatouille)를 과감하게 내놓는 레미와 링귀니. 이고(Ego)가 포크로 한 입 맛보는 그 긴장된 순간, 영화의 장면은 빠르게 그의 어린 시절로 돌아갑니다.

문 앞에서 코를 훌쩍이며 뭔가 상심한 듯한 모습의 이고(Ego). 애틋한 미소로 그를 바라본 어머니는 곧 정성을 듬뿍 담은 라따뚜이를 식탁에 올려 주며 그의 얼굴을 조심스레 만져 줍니다. 잠시 후 어머니가 만든 라따뚜이를 한 입 맛본 어린 이고(Ego)의 얼굴은 순간 밝아지는데요.

이때 장면은 다시 현재로 돌아오고, 아직 멍한 표정의 이고(Ego)는 평가를 위해 들고 있던 펜마저 떨어뜨립니다. 요리를 가만히 다시 한번 내려다보는 이고(Ego). 그는 다시 너무나 맛있게 식사를 계속합니다.

맛있는 요리에 대한 감사의 말을 주방장에게 전하기 위해, 모든 손님이 다 떠날 때까지 기다렸던 그는 결국 그 요리를 만든 이가 다른 누구도 아닌 생쥐 레미라는 것을 알게 되고, 간단한 감사 인사 후 조용히 떠납니다. 다음 날 그가 세상에 내놓은 글.

> Not everyone can become a great artist;
> 모든 사람들이 위대한 예술가가 될 수는 없지만
> but a great artist can come from anywhere.
> 위대한 예술가는 어디서든 나올 수 있지요.
> It is difficult to imagine more humble origins than those of the genius now cooking at Gusteau's,
> 지금 구스토 식당에서 요리를 하고 있는 그 천재보다 더 초라한 출신을 생각해 내기는 어렵습니다.
> who is, in this critic's opinion, nothing less than the finest chef in France.
> 그렇지만, 그는, 이 비평가의 의견으로 볼 때, 프랑스 최고의 셰프에 못지않습니다.
>
> - <라따뚜이(Ratatouille)>(2007)

모두가 위대한 예술가가 될 수 있는 건 아니지만, 위대한 예술가는 어느 곳, 어느 출신, 어느 부류에서든 나올 수 있다는 것이죠. 레미는 겉으로 볼 때 한 마리의 생쥐에 불과했지만, 평론가 이고의 예리한 눈에 포착된 그의 재능은 최고의 셰프 못지않았습니다.

우리는 지금 이 순간 어떤 모습으로 살고 있으며, 또 그 모습들을 바라보면서 자신에 대해 어떤 평가를 하고 있는지요? 겉으로 보이는 초라함에 시야가 가려 혹시라도 우리가 가진 특별함을 보지 못하고, 그것을 발휘할 수 있는 기회와 가능성 또한 스스로 막고 있는 것은 아닌지, 나이의 많고 적음을 탓하며 아직 시기의 이름을, 혹은 시기가 지났음을 핑계 삼아 후회의 깊이를 더해 가고 있음은 아닌지.

Wait A Minute

영화 후반부에 레미가 자신의 상상 속 구스토에게 하소연하는 장면이 있습니다.

> Remy: I know who I am! Why do I need you to tell me? Why do I need to pretend?
> 레미: 난 내가 누구인지를 알아요! 왜 저는 당신이 (그걸) 제게 말해주는 걸 필요로 하는거죠? 왜 저는 제 모습이 아닌 척을 해야 하냐고요?
> Gusteau : But you don't, Remy. You never did.
> 구스토: 넌 그렇게 하지 않아, 레미야. 넌 그런 적이 없단다.
>
> — <라따뚜이(Ratatouille)>(2007)

서서히 사라지면서 구스토가 남긴 말, 그리고 레미의 깨달음. 굳이 누군가가 말해 주지 않아도, 레미는 겉으로 쥐의 모습일지언정 진정한 자신을 알고 있었던 것이죠. 잠시 후 정신이 번쩍 든 레미가 위기 상황에 놓인 식당을 구하기 위해 급하게 다시 돌아갈 때 왜 그렇게 식당을 챙겨야 하는지 묻는 아버지에게 쩌렁쩌렁 큰소리로 외칩니다.

> Because I'm a cook!
> 저는 요리사이니까요!

숨은 듯 가려져 있는 우리 자신만의 특별함을 볼 수 있는 오늘이 되면 좋겠습니다. 레미(Remy)처럼.

• Wait A Minute •

'보고 싶은 것만 보고 믿고 싶은 것만 믿는 현상'을 확증 편향(確證偏向, Confirmation bias)이라고 합니다. 사실 여부는 중요하지 않고 내 마음에 들지 않고 내 생각과 다르면 눈과 귀를 닫아 버리는 것이죠. 하지만 우리가 외면하고 회피하는 그 '다름(being different)'이란 것이 참신한 '새로움'과 발전의 '가능성'을 의미한다면, 이는 그냥 지나칠 수 없는 문제가 됩니다. 라따뚜이 영화 속 안톤 이고의 고민은 바로 이 부분이었습니다.

> There are times when a critic truly risks something, and that is in the discovery and defense of the new. The world is often unkind to new talent, new creations. The new needs friends.
> 비평가가 정말 위험을 감수하는 때가 있는데, 이는 새로운 것을 발견하고 옹호해 주는 것이다. 세상은 흔히 새로운 재능, 새로운 창작물에 친절하지 못하다. 새로운 것은 친구가 필요하다.
> Last night, I experienced something new: an extraordinary meal from a singularly unexpected source. To say that both the meal and its maker have challenged my preconceptions about fine cooking is a gross understatement. They have rocked me to my core.
> 지난밤, 나는 새로운 것을 경험했다. 전혀 예상치 못한 데서 나온 엄청난 요리. 그 요리와 이를 만든 자가 훌륭한 요리에 대한 내 기존 생각을 의심하게 했다고 말하는 것은 너무나 터무니없이 부족한 표현이다. 그들은 나를 송두리째 흔들어 버렸다.
>
> - <라따뚜이(Ratatouille)>(2007)

'어떻게 생쥐가 주방에서 요리를 할 수 있고, 그 요리가 이토록 훌륭할 수 있으며, 그리고 어떻게 이 모든 사실을 받아들일 수 있단 말인가?'

깊은 고뇌 이후 그가 내린 결론과 세상에 내놓은 진심 어린 평가가 큰 감동으로 다가오는 것은 평생 고수해 온 생각의 틀을 깨고 낯선 새로움을 안아 줄 수 있었던 그의 열린 마음 때문이 아닐까요?

23
Ford v Ferrari
포드 v 페라리

<포드 v 페라리(Ford v Ferrari)>(2019)

우리 눈앞에 있는 Perfect,
보이세요?

Look out there. Out there is the perfect lap.
저기를 봐. 저기 완벽한 랩(자동차 경주의 한 바퀴)이 있어.
No mistakes. Every gear change, every corner. Perfect.
실수 없이. 모든 기어 변속, 모든 코너링 완벽하지.
You see it? Most people can't. Most people don't even know it's out there,
보이니? 대부분 사람들은 볼 수 없단다. 그들은 그게 있다는 걸 알지도 못해,
but it is. It's there.
하지만 있단다. 저기에 말이야.

- <포드 v 페라리>(Ford v Ferrari)(2019)

자동차 디자이너인 캐롤 셸비(Carroll Shelby)와 팀을 이루어 당시 연승 가도를 달리고 있던 페라리(Ferrari)를 제치고, 미국 자동차 회사인 포드(Ford)에 '르망 24시(the 24 Hours of Le Mans) 1966' 대회 우승을 안겨 주었던 레이싱 드라이버, 켄 마일스(Ken Miles)가 그 대회 출전을 앞두고 아들 피터(Peter)와 나눈 대화입니다.

실수 없이 완벽한 기어 변경과 코너링. 대부분의 사람들은 그 완벽함을

볼 수 없을 뿐만 아니라, 그것이 있다는 것조차 알지 못하지만, 엄연히 그것이 존재함을 그는 아들에게 말합니다.

완벽한 주행, 완벽한 과정, 그리고 이어지는 완벽한 결과. 모든 완벽한 과정과 결과들의 시작은 먼저 그것이 가능함과 존재함을 믿는 것임을 켄은 말하고 싶었던 것일까요?

올림픽 23개의 금메달을 포함, 총 28개 메달을 따낸 마이클 펠프스(Michael Phelps). 매일 수영장에서 기술 및 체력훈련이 끝나면 그에게는 또 하나의 필수 훈련이 있었습니다.

바로 자신이 할 수 있는 최고의 수영 경기를 계속 머릿속에서 그리는 것으로, 상상 가능한 모든 어려운 상황을 감안한, 말 그대로 최악의 시나리오 속에서도 완벽한 경기를 해내는 자신을 그려내는 것이었죠.

「습관의 힘(The Power of Habit)」의 저자 찰스 두히그(Charles Duhigg)는 세계 선수권 대회에서 있었던 일을 예로 듭니다. 경기가 시작되었을 때 마이클의 고글(Goggle)에 물이 심하게 들어오는 긴박한 상황이 발생하지만, 늘 이 정도의 상황은 예상했던 시각화(visualization) 훈련의 효과였을까요?

그는 오히려 세계 신기록으로 경기를 마칩니다.

저는 시험 당일 컨디션 문제, 영어 듣기 때 기침하는 옆자리 학생 등 학생들에게 수능시험을 칠 때 겪을 수 있는 다양한 상황을 떠올리고, 이 가운데서도 완벽하게 시험을 치르고, 최고 점수를 수확하는 모습을 매일 머릿속에 그리도록 같은 훈련을 추천합니다.

완벽을 꿈꾸고 현실로 완성하는 정신적 시각화(mental visualization). 머릿속에 그려 낼 수 있는 완벽의 크기만큼 우린 완전해집니다. 오늘 함께 시작해 보실까요?

1966년 자동차 경주 대회 '르망 24시(the 24 Hours of Le Mans)'에서 치열한 승부를 펼치고 있었던 켄 마일스(Ken Miles). 승부처 직선 주행에서 커브 길에 대한 부담 때문에 페라리에게 길을 내준 그는 자신에게 외칩니다.

What did you come here for? Let's do it.
(이럴 거면) 너 여기 뭐 하러 온 거야? 제대로 해 보자고.

- <포드 v 페라리(Ford v Ferrari)>(2019)

잠시 후 다시 그 직선로에서 페라리와 겨루게 되었을 때 과연 그는 자신이 말한 것처럼 더 과감하고 자신 있게 밀어붙여 페라리를 제치고, 멋진 코너링(cornering)을 해냅니다. 그리고 외치는 켄 마일스.

* 코너링(cornering): 자동차 경기 등에서 코너를 도는 것

That's it! Come on!
바로 그거야! 힘내!

- <포드 v 페라리(Ford v Ferrari)>(2019)

자동차 경주 영화를 특별히 좋아하진 않지만, 직선로를 달리던 포드와 페라리 두 자동차의 멋진 엔진 소리, 환희에 찬 마일스의 외침, 그때의 가슴 뻥 뚫리는 듯한 느낌까지, 지금도 생생합니다.
문득 드는 생각에 거울을 봅니다. 그리고 저도 외칩니다.

"이 세상에 뭣 때문에 온 거야? 이왕 왔으면 제대로 해 보자고!"

24
The Imitation Game
이미테이션 게임

<이미테이션 게임(The Imitation Game)>(2014)

남들이 무시하는 게
신경 쓰이시나요?

"따로 할 수 있는 사람 있어요?"

2학기 영어 대외 특강을 누가 하느냐를 두고 동료 강사분이 저에게 툭 던지듯 건넨 말입니다. 그때 느낀 섭섭함…

10년간 좋은 강의 평가를 받고, 올해 새로운 중책도 맡아 힘을 내던 저였지만, 이 순간만큼은 멈칫할 수밖에 없었습니다.

'아, 이분에게 나는 아무 존재도 아니구나. 특별히 뭔가를 할 수 있는 사람이 아닌, 그저 투명 인간?' 내심 도전해 보고 싶은 특강이었지만 더 이상 특별히 말을 덧붙이지는 않았습니다.

영화 〈이미테이션 게임(The Imitation Game)〉(2014)을 소개합니다.
제2차 세계 대전 당시 독일의 암호 체계였던 이니그마(Enigma)를 해독하여 연합군의 승리에 크게 기여한 영국의 천재 수학자 앨런 튜링(Alan Turing)의 이야기를 그린 이미테이션 게임(The Imitation Game). 이 영화 속에는 전반과 중반, 그리고 후반을 관통하는 메시지가 있습니다.

Sometimes it is the very people who no one imagines anything of who do the things no one can imagine.

가끔씩 아무도 상상할 수 없는 일들을 해내는 사람들은, 아무것도 아니라고 취급받는 바로 그 사람들이야.

- <이미테이션 게임(The Imitation Game)>(2014)

이는 항상 앨런을 따뜻하게 보살펴 주던 친구 크리스토퍼(Christopher)가, 왕따 취급을 당해 괴로워하던 앨런에게 해 준 말이었고, 영화 중반에는 왜 자신에게 도움을 주는 것인지를 따지듯 묻는 조안 클라크(Joan Clarke)에게 앨런이 해 주었던 말이었으며, 영화 끝부분에 이르러서는 좌절하며 힘들어하는 앨런에게 조안이 이 말을 고스란히 다시 들려주어, 보는 이들에게 가슴 먹먹한 감동을 안겨 주지요.

* 이론 컴퓨터 과학과 인공지능 분야에 지대한 공헌을 했지만, 앨런 튜링은 1952년 당시 범죄로 취급되던 동성애 혐의로 처벌을 받는 등 시련을 겪었습니다.

'가끔씩 아무것도 아닌 사람으로 취급받고 대수롭지 않게 여겨지는 사람들이, 어느 누구도 상상할 수 없는 일을 해낸다.' 이 표현에서 두 번이나 쓰인 imagine은 어원이 가진 의미가 '어떤 이미지를 만들다(form an image of)' '어떤 모양을 그리다(picture to oneself)'인데요.

말 그대로 '저 사람? 에이, 뭐 특별히 생각할 것도 없어!' '그 친구는 뭐 머릿속에 당장 떠오르는 것도 없는데?'라는 식으로 남에게 무시당하는 사람들이 어느 누구도 '도저히 떠올리지도, 그려내지도 못하는' 엄청난 일을 해낼 수 있다는 이야기인 것이죠.

안정적인 직장을 그만두고 뭔가 '특별한' 꿈을 위해 참 오랜 세월 달려

왔지만, 있는 듯 없는 듯 '특별한' 존재감 없이 사는 것이 특기(?)가 되어 버린 지금.

이것이 끝이 아님을 믿습니다. 오늘도 저를 가리켜 기대하지 않는 많은 분이 '떠올리지도 그려 내지도 못하는' 꿈을 꿉니다.

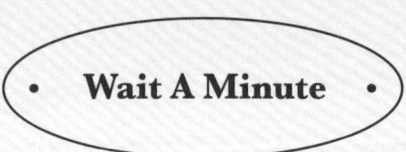

남들과 닮지 못한, 결코 평범하지 못했던, 자신의 삶을 버티기 힘들어하며 괴로워하는 앨런에게 그가 남들과 달랐기 때문에 이 세상이 무한하게 나아졌음을 말하는 조안. 정말 그것이 진심이냐고 묻는 앨런에게 조안은 자신이 들은 말 그대로 소환하여 앨런을 일깨워 줍니다.

Sometimes it is the very people who no one imagines anything of who do the things that no one can imagine.
가끔씩 아무도 상상할 수 없는 일들을 해내는 사람은 아무것도 아니라고 취급받는 바로 그 사람들이잖아요.

남들과 다른 형편과 모습 때문에 고민하는 당신, 이제 모두 털고 일어나 세상을 바꿀 오늘입니다.

25
The Suicide Squad
더 수어사이드 스쿼드

<더 수어사이드 스쿼드(The Suicide Squad)>(2021)

쥐들도 목적을 가지고 사는데…
우리는?

어린 시절 참 많은 문제를 터뜨리며 문제아로 낙인찍혔던 저스틴 비버(Justin Bieber). 어엿한 성인으로서 그 내면의 성장이 느껴지는 노래 'Purpose'의 가사 일부입니다.

> You bless me with the best gift that I've ever known.
> 당신은 내가 아는 최고의 선물로 저를 축복합니다.
> You give me purpose.
> 당신은 내게 (삶의)목적을 주십니다.
> Yeah, you've given me purpose.
> 예, 당신은 내게 목적을 주셨습니다.
>
> - 저스틴 비버(Justin Bieber)의 'Purpose' 중에서

5월의 어느 날 아침 방송 수업 시작을 이 곡의 잔잔한 피아노 선율로 대신하며 학생들에게 물었습니다.

어떠세요, 여러분은 목적이 있으신가요?

폭력성 때문에 다소 호불호가 갈리는 영화 〈더 수어사이드 스쿼드(The

Suicide Squad)〉(2021)에 보석 같은 장면이 있습니다. 사활(死活)이 걸린 중요한 순간, 다른 팀원들의 노력으로는 도저히 감당할 수 없었던 외계 생명체를 클레오(Cleo)는 엄청난 수의 쥐들을 동원하여 쓰러뜨리며 상황 반전을 이끌어 냅니다.

* 클레오는 아버지 랫캐쳐(Ratcatcher)의 능력을 물려받아 쥐를 운용하는 특별한 능력을 가지고 있었습니다.

그 장면에서 클레오는 아빠 랫캐쳐(Ratcatcher)와 함께했던 어떤 순간을 떠올리는데요.

> Young Cleo: Why rats, Papa?
> 어린 클레오: 왜 (하필) 쥐예요, 아빠?
> Ratcatcher: Rats are the lowliest and most despised of all creatures, my love.
> 랫캐쳐: 쥐는 모든 피조물 가운데서, 가장 하등의 그리고 가장 멸시받는 동물이란다.
> If they have a purpose, so do we all.
> 만약 그들이 목적을 가지고 있다면, 우리 모두도 그렇지 않겠니.
>
> - 〈더 수어사이드 스쿼드(The Suicide Squad)〉(2021)

그때 클레오의 눈가에 흘러내리던 눈물은 추억의 장면 속 아빠가 남긴, 잊을 수 없는 가르침에 대한 공감이었으리라… 저스틴 비버가 고백한 최고의 선물, 최고의 축복, Purpose. 클레오는 아빠 랫캐쳐와 함께 우리 삶에도 목적(purpose)이 분명 있음을 일깨워 주고 있습니다.

Wait A Minute

지난 주말은 착잡한 마음에 유난히 심란했습니다. 젊은 시절 세상이 감당할 수 없을 만큼 밝고 낙천적인 긍정적 사고의 소유자로 자처했었지만, 반복된 실패와 계속되는 기다림에 지쳐 어느새 어두운 그늘이 드리우고 바닥의 깊이를 모를 정도로 우울해지는 마음까지….

하지만, 정말 의외의 장면, 생각지 못한 캐릭터가 던진 말 한마디에 정신이 번쩍 들었습니다.

> What? You got something better to do?
> Come on! P*****s.
> 뭐해? 달리 더 나은 할 일이 있어?
> 가자구! 겁쟁이들 같으니.
>
> - <수어사이드 스쿼드(Suicide Squad)>(2016)

* P*****s는 비속어 사정상 철자를 가리는 것으로 처리했습니다.

<수어사이드 스쿼드(Suicide Squad)>(2016) 1편, 죽음의 위험이 도사리고 있음에도 옳은 일을 어떻게든 완수하겠다며 누군가가 먼저 나섰을 때, 주저 없이 함께 하겠다며 팀 동료들 앞에 선 그녀, 할리 퀸(Harley Quinn).

마땅히 옳은 일임을 알면서도 이런저런 이유로 쭈뼛쭈뼛하는 나머지 팀원들에게 그녀가 시원하게 던진 말입니다. 잠시 후, 쑥스러운 듯 어깨를 으쓱하고는 한 명씩 한 명씩 비장한 걸음으로 동참하는 그들.

오래전 뜨거운 마음으로 나섰던 그 출발점을 다시 떠올립니다. 그리고 다짐합니다. 할리 퀸의 말처럼 달리 더 나은 할 일이 없는 이상, 온 힘을 다해 목적이 있는 삶을 경주하리라. 저는 겁쟁이가 아니니까요.

26
Just Mercy
저스트 머시

<저스트 머시(Just Mercy)>(2019)

희망을 버리는 것은
정의를 버리는 것

2022년 12월 3일 새벽, 저는 딸의 손을 잡고 거실을 빙글빙글 돌고 있었습니다. 2022 카타르 월드컵 조별 예선 최종전에서 포르투갈을 상대로 멋진 역전골이 들어간 순간! 그리고 16강 진출이 확정되던 순간! 아내가 웃으며 바라보는 가운데, 너무 기뻐서 함께 경기를 보던 딸과 TV 속의 선수들처럼 세리모니를 한 것이었죠.

사실 축구 경기가 시작되기 전 많은 피로감을 느껴 응원을 포기하고 잠자리에 누웠는데, 아래층에서 갑자기 '와!' 하는 소리를 듣고, 벌떡 일어나 확인하기를 두 번. 한 번은 도리어 골을 내준 상황이었고, 두 번째는 오프사이드로 우리 골이 무효 판정이었습니다.

'이제는 안 속는다!' 생각하며 잠자리에 다시 눕자마자, "아빠! 1:1이야! 한 골 넣었대. 호날두가 어시스트 했대!" 외치며 들어오는 딸에게 "우리가 한 골 넣었는데, 왜 호날두가 어시스트야?" 확인해 보니 정말 1:1!

그리고 진짜 호날두의 어시스트!

* 이강인 선수의 코너킥이 굴절되어 갑자기 온 공을 피하는 듯 움츠린 것이 호날두 자신의 등을 맞고 정확하게 김영권 선수에게 배달된 것이었습니다. 심지어 영국 BBC 월드컵 관련 채널에서도 농담반 진담반으로 인정!

결국 거실로 나와서 함께 축구 응원을 하게 된 것이었죠. 경기 시간 91분경 손흥민 선수의 멋진 패스를 황희찬 선수가 잘 마무리해서 한국 승~~! 포르투갈에 대한 승률과 여러 가지 경우의 수를 감안해 볼 때, 한국의 16강 진출 가능성은 6% 혹은 9% 정도밖에 안 된다 들었는데 이걸 해내다니, 최선을 다해 준 선수들, 그리고 함께 응원한 우리 국민, 모두가 정말 자랑스러웠습니다.

> 우리는 1%의 가능성을 믿고 준비했고,
> 그 1%의 가능성이 현실이 되어 너무 행복합니다.

동점골을 넣은 김영권 선수가 경기 후 인터뷰에서 한 말입니다. 비록 아주 작은 확률에 불과하지만, 희망의 끈을 놓지 않고 죽기 살기로 뛴 우리 선수들과 그 결실을 보며, 제게 불현 듯 떠오른 한 단어,
'정의!'

1989년 앨라배마주에서 월터 맥밀란(Walter McMillian)은 자신이 저지르지 않은 살인 범죄에 대한 누명을 쓰고 재판도 받지 못한 가운데 사형수 감옥에 갇히는 등 온갖 부당한 처사를 겪지만, 인종 차별의 희생양으로서 이미 체념한 상황이었습니다.

그런 그를 위해 하버드 로스쿨을 졸업한 브라이언 스티븐슨(Bryan Stevenson)이 미국 형사 사법 제도의 불공정한 법 집행과 맞서 싸운 실화를 영화화한 것이 바로 〈저스트 머시(Just Mercy)〉(2019) 입니다.

영화 끝부분에서 브라이언은 월터와 함께 상원의원들을 마주한 자리에서 당당하게 말합니다.

Hopelessness is the enemy of justice.
희망 없음은 정의의 적입니다.

- <저스트 머시(Just Mercy)>(2019)

머릿속 생각(ideas)만으로는 세상을 바꿀 수 없고, 가슴(hearts) 속에 신념(conviction)이 있어야 하며, 앞으로 나아가기 위해 희망이 있어야 함을 강조한 그는 특히 '희망을 포기하고 사는 것은 정의를 포기하는 것'임을 분명히 지적합니다.

확률적으로 거의 불가능해 보이는 상황이었지만, 모든 것을 쏟아부어 16강 쾌거를 일궈낸 우리 대한민국 선수단은 우리에게 정의가 무엇인지를 보여 주었습니다. 오늘의 기적, 그 감동을 가슴에 새기며 다짐합니다. '어떤 시련이 찾아와도 쉽사리 좌절하지 않으며, 오히려 더욱 굳건히 희망을 지키리라.' 희망 없이 주저앉는 것은 결국 정의를 포기하는 것이니까요.

Wait A Minute

브라이언 스티븐슨(Bryan Stevenson)의 책 제목이자 영화의 타이틀이기도 한 '저스트 머시(Just Mercy)'에 대한 팁. 많은 분이 '단지 자비' '오로지 자비'로 생각하시는데, 정확하게 따지자면 '(인종과 빈부에 따른 차별이 없는) 공정한 자비'입니다. just는 라틴어 어원 jus '옳음, 바름(right)'에서 기원한 것으로 '도덕적으로 옳고 정당한(morally right and fair)'의 의미에서 출발하여 '상황에 맞는 혹은 적절한(deserved or appropriate in the circumstances)'을 거쳐 비로소 정의(justice)에 이르도록 '방향성'을 제공하는 중요한 단어이지요.

지금 이 순간 우리가 처해 있는 상황에 맞는 옳고 정당한 선택으로 삶의 정의(justice)를 실천하고 있는지 돌아보는 시간을 제안합니다. 선수들은 경기장에서, 학생들은 교실에서, 직장인은 일터에서. 1%의 성공 가능성도 절대 포기 없이 끝까지 붙들고 싸우는 우리의 이름은 '정의(justice)'입니다.

27
The Express
더 익스프레스

<더 익스프레스(The Express)>(2008)

중요한 것은
무엇을 위해 하느냐입니다

어니 데이비스(Ernie Davis)를 아시나요? 우리나라에서 그 이름을 아는 분은 흔치 않을 것 같습니다. 흑인으로서 역사상 처음으로 대학 미식축구 최우수 선수상인 하이즈만 트로피(the Heisman Trophy)를 받았으며, 1962년도 NFL 드래프트에서도 지명 순위 1위로 클리블랜드 브라운즈(Cleveland Browns) 팀의 선택을 받은 최고의 미식축구 선수 가운데 하나였죠.

엄청난 부와 명예를 오랫동안 누릴 것으로만 보였던 그는 곧 백혈병 진단을 받고, 얼마 지나지 않아 23세의 나이로, 프로팀에서 단 한 경기도 뛰어보지 못한 채 세상을 떠납니다.

> Football is just a game.
> 풋볼(미식축구)은 그저 게임일 뿐이죠.
> What matters is what you play for.
> 중요한 것은 당신이 무엇을 위해 플레이를 하느냐입니다.
>
> - <더 익스프레스(The Express)>(2008)

어니 데이비스의 포지션은 하프 백(Half Back)으로 공을 받고 달리는 것이 전부로 보이죠. 받고 달리고, 받고 달리고. 참으로 단조롭고 별것 없어 보이는 것이 사실입니다.

하지만 그는 뭔가 남다른 의미와 동기를 거기서 찾을 수 있었던 게 아닐까요? 특별한 감동 없이 매일 반복되는 일상은 사실 그 속에 놀라운 힘과 비밀을 가지고 있음에도, 우리는 그저 지나쳐 버리기 일쑤입니다.

지금 우리 눈앞에 놓여 있는 책과 노트 또한 그냥 읽고 쓰고, 또 읽고 쓰고… 단조로운 패턴에 가려 별것 없어 보이지만 그것이 담고 있는 놀라운 의미와 그것이 가져다줄 눈부신 미래는 그에 걸맞은 숭고한 목적이 함께 할 때 비로소 드러나고 실현됩니다.

지금 그저 지나치는 평범하고 일상적인 것들을 특별한 사랑으로 돌아보세요. 어쩌면 당신이 잊고 있었던 삶의 방향, 그리고 존재의 목적이 그 속에서 반짝반짝 빛나고 있을 수도.

Do ordinary things with extraordinary love.
평범한 것들을 특별한 사랑을 가지고 해 보세요.

- 테레사 수녀(Mother Teresa)

They('re) gonna be looking up to you.
I think you owe them more than just running a ball.
그들은 널 우러러볼 거야.
난 네가 그들에게 단순히 공을 들고 달리는 것 이상을 해 줘야 한다고 생각해.

- <더 익스프레스(The Express)> (2008)

어니 데이비스(Ernie Davis)의 삼촌이지만, 단 두 살 차이인지라 형제처럼 함께 자란 윌 데이비스 주니어(Will Davis Jr.)가 영화 속에서 해 준 말입니다. 흑인 지역사회 모두가 그를 자랑스러워하며 응원하는 상황 속에서 어니의 플레이는 단순히 공을 들고 달리는 것 이상의 큰 의미가 있음을 말한 것이었을까요?

습관처럼 반복되는 경기 속에서 공을 받고 달릴 때 명심(銘心)해야 할 의미를 형제 같은 삼촌의 말에서 찾았던 것일까 하는 생각이 듭니다.

겉으로 보기에 별것 없는 우리의 작은 일상 또한 어니 데이비스처럼 다른 누군가에게 놀라운 영감(靈感)이 될 수 있음을 기억하세요.

28
Kung Fu Panda
쿵푸 팬더

<쿵푸 팬더(Kung Fu Panda)>(2008)

꿈을 이루기까지 필요한
나머지 2%는?

제가 국민학교(지금의 초등학교)를 다니던 시절의 어느 날, 6남매인 우리는 한 방에 모여 '유리겔라'라는 초능력자가 나오는 TV 프로그램을 열심히 시청하고 있었습니다. 처음에는 손가락으로 비비는 것만으로 숟가락을 휘게 하는 묘기를 보여 주더군요. 저도 따라 해 본 것 같긴 한데, 솔직하게 말씀드려서 제 숟가락이 휘었는지는 기억이 나지 않고, 그냥 전국에서 사람들이 자신의 숟가락이 휘었다며 방송국에 전화를 많이 하고 있었던 것은 기억이 납니다.

다음으로, 그는 시청자들에게 고장 난 시계를 하나 준비하라고 하더군요. 마침 아버지의 오래된 시계가 장롱 속에 있어서 우리 6남매가 앉은 자리 한가운데 준비할 즈음, 유리겔라는 진행자에게 물었습니다. "한국인들은 무엇인가를 움직이고 싶을 때 무엇이라 말합니까?" 진행자는 분명한 목소리와 발음으로 "움직여"라고 말했고, 잠시 후 그는 진행자를 통해 시청자 모두에게 대충 이렇게 말했던 것으로 기억합니다.

"시청자 여러분, 이제 여러분 모두 제가 하나, 둘, 셋 할 때 함께 일제히 '움직여!'라고 외치는 겁니다. 정말 중요한 것은 고장 난 시계 침이 움직일 것이라고 꼭 믿어야 한다는 것! 아시겠죠? 사, 하나, 둘, 셋!"

저희 6남매(사실 막내는 아기였으니까 저와 누나 그리고 세 여동생 모두 5명이었겠죠)는 함께 동시에 "움직여!"라고 목청을 다해 외쳤습니다. 바로 그때, 그 고장 난 시계의 초침이 한 칸, 한 칸, 그리고 또 한 칸 움직이는 것이었습니다. 너무나 오래전 일이지만, 그때 제 눈앞에 놓여 있던 고장 난 시계의 초침이 열심히 움직이는 모습을 지금도 아주 선명하게 기억합니다.

그것이 과연 초능력인지, 어쩌면 기(氣)라고 하는 것인지, 아니면 다른 이름의 무엇인지 저는 알지 못합니다. 하지만 지금은 가짜로 들통났다는 '유리겔라' 관련 뉴스의 진위(眞僞)와 상관없이, 그 시계를 작동하게 한 믿음의 외침에 분명 어떤 놀라운 힘이 있었던 것만큼은 확신하고 있습니다.

〈쿵푸 팬더(Kung Fu Panda)〉(2008) 보셨나요?

움직임이 굼뜨기만 한, 과체중의 팬더 곰, 포(Po). 그는 마을의 축제 행사에 구경을 갔다가 뜬금없이 마을을 수호할 전설 속의 영웅 '용의 전사(Dragon Warrior)'로 지목받게 됩니다.

남들은 물론, 자신도 믿기 힘든 상황 속에서 나름 최선을 다한 훈련으로 애써 보지만, 무언가 2% 모자랐던 그는 결국 포기하고 우동 장수인 아버지에게 돌아옵니다. 그리고 아버지와의 대화 중, 전혀 생각하지 못했던 큰 깨달음을 얻는 포(Po).

> Po: Wait, wait. it's just plain old noodle soup? You don't add some kind of special sauce or something?
> 포: 잠깐, 잠깐만요. 그게 그냥 평범한 구식 우동일 뿐이라구요? 특별한 소스나 무엇을 넣지 않는다고요?
> Mr. Ping: Don't have to. To make something special you just have to

believe it's special.
Mr.핑: 그럴 필요 없단다. 특별한 무엇인가를 만들려면 그냥 그것이 특별하다고 믿기만 하면 돼.
Po: There is no secret ingredient….
포: 비밀 재료가 없다니….

- <쿵푸 팬더(Kung Fu Panda)>(2008)

포는 엄청나게 귀한 소스와 재료가 들어갈 거라 생각했던 아버지의 '특별한' 우동에 '특별한' 재료가 전혀 들어가지 않음을 알게 됩니다. 특별하다는 것을 마음으로 믿기만 하면 된다는 아버지의 말을 듣고 그는 깊은 생각에 잠기죠. 그렇게 용의 전사가 되는 것도, 어떤 대단한 비법이 추가로 꼭 필요한 게 아니라는 놀라운 사실을 깨닫게 됩니다.

현재의 생각과 틀에서 한 걸음 더 나아가 자신이 최고의 전사라는 믿음을 가지는 순간, 그는 곧 용의 전사가 되고 전설이 되는 것이었습니다.

사실, 누군가의 말처럼 믿음 하나로 삶의 모든 문제가 뚝딱 해결되리라 기대하는 것은 조심스럽습니다. 하지만 현실 속의 큰 과제와 난관을 넘어 경이로운 성취를 해내는 첫걸음은 언제나 '한 걸음 더 나아간, 상식과 한계를 초월한 믿음'이었음을 우린 과연 모르는 것일까요?

의심하지 마세요. 그것 또한 공부의 중요한 능력입니다.
할 수 있다는 생각 자체가 실력입니다.

- 「강성태 영단어 어원편」 문구 중에서

• Wait A Minute •

2023년 영화 〈에어(Air)〉 보셨나요? 도저히 불가능해 보이는 상황을 딛고 마이클 조던(Michael Jordan)과의 계약을 일궈낸 소니 바카로(Sonny Vaccaro, 나이키 스포츠 마케팅 담당)의 활약을 그린 영화입니다. 결국 마이클은 미국 프로농구(NBA)의 전설이 되고, 아디다스(ADIDAS)와 컨버스(CONVERSE)에 한참 밀렸던 나이키(Nike) 또한 최고의 스포츠용품 회사로 성장하게 되지요.

당시의 관행을 어기면서, 자신이 해고될 위험까지 감수하며 마이클의 어머니를 찾아간 소니 바카로의 히든카드, 마음을 움직이고자 그가 꺼낸 말은 바로 'I Believe In Your Son!' 뭔가 대단한 표현을 기대했는데 약간은 실망스러웠던 느낌? 하지만 넷플릭스 영어 버전으로 만난 일본 애니메이션 〈고양이의 보은〉(2002)은 제가 진부하게만 여겼던 이 말을 다시 생각하게 해 주었습니다.

> "Careful Haru. Don't lose yourself.
> believe in who you are."
> 조심해요, 하루. 당신 자신을 잃어버리지 마세요.
> 당신이 어떤 사람인지를 믿어요.

주인공 하루가 어떤 상황에 안주하여 주저앉으려 하는 순간, 누군가가 곁에서 해 준 조언으로, 사실 영화 속에서 세 번이나 강조되는 메시지였죠. 챗GPT는 'believe in (누군가를 믿는다는 것)'의 의미를 '상황을 초월하는 그의 잠재력을 확신(confidence in potential)하고, 그의 여정 속 비치는 염원과 포부(aspirations and dreams)를 공유하며, 우리의 모든 것을 다해 그를 응원(commitment and support)하는 것'이라 정의합니다.

우린 과연 누군가를 진정으로 믿어 준 적이 있을까요? 그리고 지금 이 순간 그 누구도 아닌 '우리 자신'을 우린 믿어 주고 있을까요?

'Do we Believe In ourselves?'

Wait A Minute

"이번에 고득점으로 장학생이 된 저희 반 학생의 고속 성장 비결을 알고 싶어요." "성적이 안정되지 않는 이유를 찾아 오답노트 작업을 해 봤는데 별 게 없더라고요." 성실하고 우수한 학생이지만, 주로 최상위 성적의 언저리에만 머물며 그 경계를 완전히 넘어서지는 못해 늘 고민이었던 어느 여학생.

함께 확인해 보니 그 장학생은 올해 첫 시험부터 우수한 성적을 보여 준 친구로 고속 성장의 모델이 아니었으며, 오답노트 또한 자신에게 필요한 해답이 아니었습니다. 저는 대신 어느 영화 장면에 대한 고찰(考察)을 제안했습니다.

> Miles: When do I know I'm Spider-Man?
> 마일스: 언제 내가 스파이더맨인 걸 알게 될까요?
> Peter: You won't. That's all it is, Miles. A leap of faith.
> 피터: 넌 알지 못할 거야. 그게 다야, 마일스. 믿음의 도약(이 필요할 뿐이지).
> - <스파이더맨: 뉴 유니버스(Spider Man: Into the Spider Verse)>(2018) 중에서

이미 한두 번의 시험에서 최고 등급, 최상위 석차를 경험했고 성실한 노력 또한 남달랐던 그 여학생에게 부족한 건 타고난 재능도 노력의 양(量)도 아니었습니다.

그저 현재의 불안과 의심을 뛰어넘는 믿음의 도약만이 마지막 남은 숙제가 아닐까 하는 저의 생각을 전하며 상담을 마무리했습니다.

좋은 시험 성적, 삶의 행복, 그리고 신의 존재에 이르기까지, 긍정이건 부정이건 우린 이미 믿음의 도약(a leap of faith)을 실천하고 있다는 것! 알고 계셨나요?

* 시험 합격 여부를 두고 누군가가 '난 못할 거야!'라고 말한다면, 그는 자신도 모르게 믿음의 도약을 한 것이죠. (자신이 가진 모든 가능성에도 불구하고) 못할 것이라는 방향으로 말입니다.

Even in our disbelief, we still take a leap of faith.
우리가 믿지 않는 속에서조차, 우린 믿음의 도약(선택)을 하고 있는 것이다.

- 영화 <예수는 역사다(The Case for Christ)>(2017) 중에서

삶의 중요한 기로(岐路)에 설 때마다 습관처럼 우리가 선택하는 믿음의 방향은 과연 어느 쪽일까요?

Yesterday is history, tomorrow is a mystery, but today is a gift.
That is why it is called the present.
어제 일은 지나간 것이고, 내일 일은 아무도 모르는 것이야,
하지만 오늘이야말로 선물이란다.
그래서 그것이 'present'라고 불리는 거야.

- <쿵푸 팬더(Kung Fu Panda)>(2008)

    뚱뚱하고 장점 하나 없는 자신을 보며 용의 전사가 되는 것을 포기하는 포에게 거북이 사부 우그웨이(Oogway)가 해 준 말입니다. 지난날 있었던 아쉬움과 앞으로 벌어질 상황들에 대한 두려움을 내려놓고, 선물처럼 우리에게 주어진 오늘 이 시간을 붙들고 가꾸어야 한다는 의미지요.
    우그웨이의 지혜가 낳은 놀라운 깨달음이 아닐까 생각했었는데, 1902년 앨리스 모스 얼(Alice Morse Earle)의 책에서, 그리고 미국 제32대 대통령인 프랭클린 D. 루스벨트의 부인 엘리노어 루스벨트(Eleanor Roosevelt)가 쓴 글에도 등장했던 유명한 문구였네요.

29
Frozen II
겨울왕국 Ⅱ

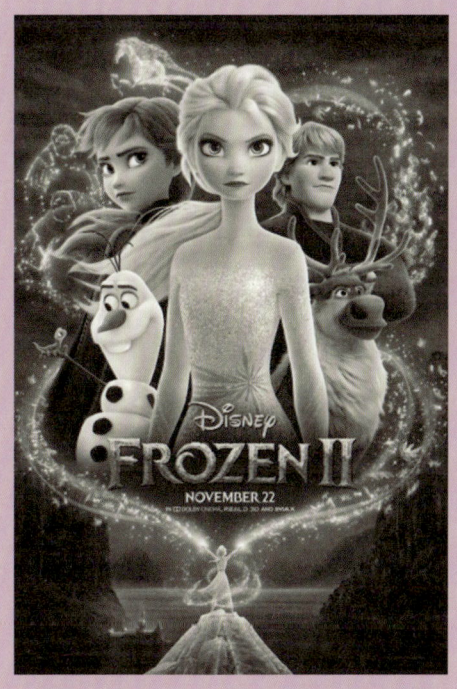

<겨울왕국 Ⅱ(Frozen Ⅱ)>(2019)

앞이 캄캄하고
아무것도 보이지 않을 때

학원 측의 사정으로 떠날 수밖에 없었던 선배 강사님을 오랜만에 만났습니다. 미처 드리지 못했던 늦은 안부 인사와 함께 저녁 식사를 함께하는 자리였습니다. 건강해 보이는 선배님의 모습에서 왠지 이전보다 더 차분함과 여유가 느껴졌고, 비록 큰 안정감과 소속감은 없을지라도, 작은 규모의 일감과 새롭게 발견한 일상의 여유에 감사하고 만족해하시는 모습. 사실 '앞으로 어떻게 살아가실까?'하는 우려와 걱정으로 잠시나마 측은한 마음을 가졌던 것이 부끄러웠습니다. 그리고 궁금했습니다.

'어떻게 이 과정들을 지나오신 걸까?'

애니메이션 영화 〈겨울왕국 II(Frozen II)〉(2019)를 소개합니다.
영원한 겨울의 저주를 1편에서 해결한 아렌델(Arendelle) 왕국의 여왕 엘사(Elsa). 평화롭던 왕국에 갑자기 들이닥친 위기를 해결하기 위해 엘사는 자신을 부르는 수수께끼의 소리를 따라 동생 안나(Anna), 눈사람 올라프(Olaf)와 함께 마법의 숲으로 향합니다. 그리고 힘든 극한의 여정을 통해 평화와 안정을 다시 찾게 된다는 이야기.

When one can see no future, all one can do is the next right thing.
미래가 보이지 않을 때, 우리가 할 수 있는 건 그다음 옳은 일을 하는 것이지.

- <겨울왕국 II(Frozen II)>(2019)

온 왕국이 위기에 처한 상황에서 지혜로운 트롤 파비(Pabbie)가 해 준 말입니다. 먼 미래는커녕 당장 한 치 앞도 보이지 않고 앞이 캄캄할 때, 그는 우리가 할 수 있는 '그다음 옳은 일'을 찾고 실천할 것을 당부합니다. 선배님께서 실천하신 지혜가 혹 이것이었을까 하는 생각이 듭니다.

This grief has a gravity. It pulls me down
이 슬픔은 무게가 있어. 나를 끌어내리지
But a tiny voice whispers in my mind. You are lost, hope is gone
하지만 작은 목소리가 내 마음속에서 속삭여. 넌 길을 잃었고, 희망도 사라졌어
But you must go on. And do the next right thing
하지만 넌 계속 나아가야 해. 그리곤 다음 옳은 (해야 할) 일을 하는 거야

- <겨울왕국 II(Frozen II)>(2019)
영화 속 노래 'The Next Right Thing' 중에서

언니 엘사의 죽음을 직감하고 함께해 주던 눈사람 친구 올라프마저 눈앞에서 사라져 버린 절망적인 상황임에도 안나가 그냥 주저앉지 않도록 일으켜 세워 준 노래, 'The Next Right Thing'입니다. 혹시라도 언젠가 끝이 보이지 않는 절망의 순간이 닥친다면 우리가 할 수 있는 선택, The Next Right Thing. '최선'이 불가능한 그 순간, 우린 '차선(次善)'이 있음을 기억하고 일어설 것입니다.

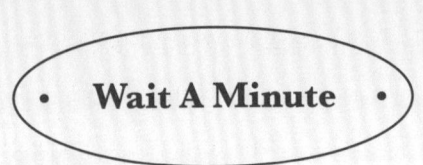

Wait A Minute

학원 동료 선생님들과 작은 저녁 식사 모임이 있었습니다. 당장 올해, 서울 유명 학원이 공격적으로 사업을 추진하여 예상되는 바, 현재 근무하는 학원 형편이 힘들어질 수밖에 없고, 강사 숫자에 큰 영향이 있을 것이라는 소식에 분위기가 살짝 무거워지기도 했던 그날 저녁.

"마음 짠한 이 시기에 학원가에서 함께 일하며 지내는 게, 왠지 모르지만, 나쁘지 않은 것 같아." 모임이 끝난 후 동료 선생님들과 돌아오는 길, 제 입에서 불쑥 나왔던 말이었습니다.

같은 처지에 있는 동료들과 함께 그날 밤 나눈 응원과 함께 뇌리에 계속 떠오른 그 메시지.

'당장 한 치 앞도 보이지 않는 상황 속, 최선이 어렵다면 내가 할 수 있는 차선(次善)의 옳은 일을 찾아 행동하기!'

이제 제 차례입니다.

그리고

두렵지 않습니다.

We're calling this controlling what you can when things feel out of control.

우린 이걸, 상황이 감당불가로 느껴질때, 할 수 있는 것부터 컨트롤하는 것이라고 부르지.

- <겨울왕국 II(Frozen II)>(2019)

아렌델 왕국에 닥친 재앙으로 모두가 피난민이 되어 버린 통제 불능의 상황 속에서 아이들과 재미있게 놀아 주고 있는 눈사람 올라프. 이 난장판에 뭘 하는 건지 황당해하는 누군가의 질문에 그가 던진 대답입니다. 엄청난 재앙을 맞아 자신의 역량으로 할 수 있는 것이 턱없이 부족할지언정 올라프는 과연 그다음 옳은 일, 즉 '차선(次善)'을 멋지게 실천하고 있었던 것이죠.

30
The Shawshank Redemption
쇼생크 탈출

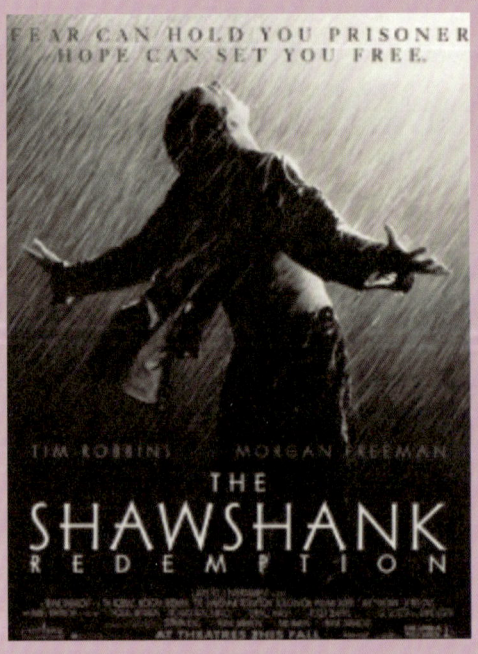

<쇼생크 탈출(The Shawshank Redemption)>(1994)

희망은 우리를 자유롭게 해 주는 진리입니다

The truth will set you free.

진리가 너희를 자유케 하리라.

- 요한복음 8:32절(John 8:32)

위의 문구를 떠오르게 하는 영화가 있습니다. '우리를 자유롭게 만드는 진리' 이 영화 속에서 보여 준 그 '진리'는 무엇이었을까요?

죽기 전에 꼭 봐야 할 영화로 항상 최상위권에 오르는 영화 〈쇼생크 탈출(The Shawshank Redemption)〉(1994)을 소개합니다. 아내를 죽였다는 억울한 누명을 쓰고 종신형을 선고받은 앤디(Andy)는 오랜 기간 교도소의 온갖 부정한 현실들을 겪은 후, 결국 탈옥을 감행하여 성공합니다. 세월이 지나, 교도소 동료였던 레드(Red)가 가석방으로 나오게 되었을 때, 그는 앤디와 예전에 약속한 대로 어떤 장소를 찾아갑니다. 거기서 발견한 짧은 편지.

Remember Red, hope is a good thing, maybe the best of things, and no good thing ever dies.

기억해요, 레드, 희망은 좋은 거라는 거, 어쩌면 가장 좋은 것일지도 몰라요. 그리고 좋은 것은 절대로 죽지 않는답니다.

- <쇼생크 탈출(The Shawshank Redemption)>(1994)

탈옥하기 전 앤디는 언젠가 교도소를 벗어나, 태평양(the Pacific Ocean)의 작은 마을 지와타네호(멕시코)에서 살 거라 말했었죠. 이때 동료인 레드는 앤디의 희망을 그저 헛된 몽상이라 말하며, 제발 현실을 받아들이고 꿈 깨라며 그를 만류했었답니다.

영화 끝부분, 푸른 태평양을 배경으로 해변에서 앤디와 레드가 서로를 확인하고 밝은 표정으로 다가서는 장면은 정말 아름다웠습니다. 이러한 정점(頂點)에 닿기까지, 억울하고 어두웠던 그의 삶 속에서 앤디가 붙들고 놓지 않았던 희망. 그 희망은 앤디를 그리고 레드를 자유롭게 만들어 준 진리였습니다.

Fear can hold you prisoner
두려움은 당신을 죄수로 붙들 수 있고
Hope can set you free.
희망은 당신을 자유롭게 할 수 있습니다.

- <쇼생크 탈출(The Shawshank Redemption)>(1994)

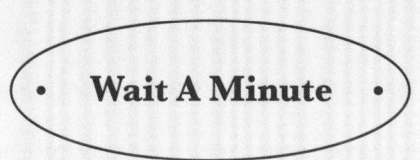

때로는 말도 안 되게 낙천적이고
말도 안 되게 근거 없이 희망 넘치는 사람들이 사회를 많이 바꿔 나간다.

- 이지영(수능 사회탐구 영역 강사)

어느 날 유튜브 짧은 영상으로 당찬 메시지를 만났습니다.

시니컬하고 세상에 대해서 야 그런 거 쉽지 않아 하고
부정적인 냉철한 판단을 하는 사람이 똑똑해 보이겠지만
걔네들이 오히려 바보야.

- 이지영(수능 사회탐구 영역 강사)

엄청난 수강생 규모를 자랑하는 수능 사회탐구 영역 대표 강사 이지영 선생님이 한 말입니다. 고개를 끄덕이게 하는 강한 공감과 함께 희망 가득, 정신이 번쩍 들게 해 주는 말씀이었죠.

실제 세상을 살아 봐.
이 세상을 이끌어 나가는 사람들, 이 세상을 바꿔 나간 사람들은
절대로 비관주의자들이 아니라 낙관주의자들이라는 거!

- 이지영(수능 사회탐구 영역 강사)

역시 희망은 우리의 자유로운 비상(飛上)을 가능케 하는 참된 진리가 아닐까요?

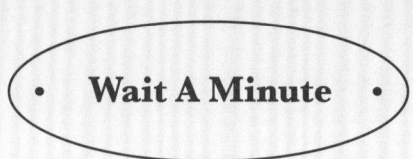

I guess it comes down to a simple choice, really.
Get busy living, or get busy dying.
결국 정말 간단한 선택이 되어 버리네요.
사느라 열심일 것인가, 죽느라 열심일 것인가.

- <쇼생크 탈출(The Shawshank Redemption)>(1994)

앤디의 꿈, 태평양 작은 마을 지와타네호(멕시코)의 삶과 지금 당장 현실과의 먼 거리를 가리키며 강한 어조로 꿈 깨라 말하는 레드에게 앤디가 내민 응답은 비장한 것이었습니다.

얼마 지나지 않아 모두를 놀라게 한 앤디의 탈옥, 그리고 꽤 지나버린 세월. 전혀 예상치 못한 가석방이 자신에게 허락된 이후 도무지 적응할 수 없는 현실을 두고 삶의 끈을 모두 놓아 버리려 했던 레드에게 딱 하나 마음에 걸렸던 것은 바로 앤디와의 약속이었지요.

앤디 자신이 청혼했던 추억의 그 장소에 무엇이 있을 거라 말해 주며 꼭 찾아봐 주길 부탁했었거든요. 그곳에서 발견한 앤디의 편지를 읽고 생각에 잠기는 레드. 잠시 후 그는 말합니다.

Get busy living, or get busy dying.
That's goddamn right.
사느라 열심일 것인가, 죽느라 열심일 것인가.
그게 진짜 맞는 말이다.

- <쇼생크 탈출(The Shawshank Redemption)>(1994)

앤디가 탈옥한 이후에도 그가 남긴 말은 계속 레드의 뇌리에 남았던 것일까….
제가 가장 좋아하는 부분, 이 영화의 백미가 바로 이 순간 시작됩니다. 마음을 따스하게 어루만지듯 흐르는 '엔드 타이틀(End Title)' 음악을 배경으로 국경을 지나 지와타네호를 향하는 레드의 모습, 그리고 그의 차분한 독백.

> I hope I can make it across the border.
> I hope to see my friend and shake his hand.
> I hope the Pacific is as blue as it has been in my dreams.
> I hope.
> 나는 희망한다 국경을 통과할 수 있길.
> 나는 희망한다 내 친구를 만나 악수할 수 있길.
> 나는 희망한다 태평양이 내 꿈속에서 그랬던 것처럼 푸르길.
> 나는 희망한다.
>
> - <쇼생크 탈출(The Shawshank Redemption)>(1994)

눈앞에 펼쳐지는 장면들은 그의 희망하는 바가 하나씩 현실로 이루어지는 것을 보여 줍니다.
앤디와 레드를 자유롭게 한 진리, 희망.
그 진리와 함께,

> Get Busy Living.

사느라 열심인 우리가 되길 바라며.

D side

나아가기
결단, 행동/실천

31
Dune
듄

<듄(Dune)>(2021)

하기 싫은 마음과 상관없이
해내는 방법

고등학교 시절 이후 수십 년간 팔굽혀 펴기를 꾸준히 해 왔습니다. 최근에는 한 번 엎드려 시작하면 중간에 살짝 코브라 자세 등으로 휴식을 취하는 방식으로 100개를 매일 하고 있는데요. 늘 아침에 일어나서 세수하고 나면 습관처럼 바로 하는 운동이지만, 가끔 정말 하기 싫거나 무기력 때문에 해낼 수 없을 것 같은 때가 있습니다.

그저께 아침, 귀찮은 마음과 함께 기력도 너무 처져서 도저히 못할 것 같아 '오늘만 건너뛸까?' 하는 유혹이 강했습니다. 하지만 이런저런 핑계를 뒤로하고 그냥 시작하고 나니, 서서히 힘이 붙고, 없던 의지도 생기는 듯, 평상시 80개에 미치지 못하고 중간 휴식에 들어가던 제가 어느새 80회를 넘어 86, 87, 88까지~!

최근 기록을 넘어서는 제겐 나름 놀라운 순간이었습니다. 운동하는 것, 공부하는 것, 일하는 것, 혹은 다른 무엇이든 처음 시작 전 엄두도 안 나던 것을 일단 시작하고 나면 거뜬히 감당해 내고 별것 아닌 듯 넘어서는 순간들을 모두 한 번씩은 경험하셨죠?

영화 〈듄(Dune)〉(2021)을 소개합니다.

예언이 말하는 소위 '우주를 구원할 위대한 운명'을 타고난 폴 아트레이데스(Paul Atreides)의 이야기를 그린 영화. 우주에서 가장 위험한 사막 행성, 아라키스(Arrakis)에서 엄청난 가치의 자원을 두고 벌어지는 전쟁과 함께 그는 미래를 건 여정을 시작하게 되는데요. 아직은 아라키스로 떠나기 전, 거니 할렉(Gurney Halleck)과 검술 연습을 해야 하는 상황에서 왠지 오늘은 하기 싫다고 말하는 폴, 그리고 그에 대한 거니의 대답입니다.

Paul: I guess I'm not in the mood today.
폴: 오늘은 할 기분이 아닌 것 같아.
Gurney: Mood? What's mood to do with it?
거니: 기분이라뇨? 기분이 그것과 무슨 상관입니까?
  You fight when the necessity arises, no matter the mood.
  Now fight!
  기분 따위와 상관없이 필요한 상황이 생기면 싸우는 겁니다. 자 싸우세요!
[The two begin fighting, and Paul eventually puts his blade to Gurney's throat]
둘은 싸우기 시작하고, 폴은 결국 거니의 목에 검을 댄다.
Gurney: I see you found the mood.
거니: (검술 연습을 할) 기분을 찾으신 것 같네요.

― <듄(Dune)>(2021)

이 장면에서 폴은 검술 연습할 기분이 아니라며 핑계를 대지만, 거니는 그 기분과 상관없이 필요한 상황에서는 무조건 싸워야 한다며 밀어붙입니다. 결국 폴은 연습을 멋지게 해내고, 거니는 칭찬 아닌 칭찬으로 마무리하죠.

연습을 대충 넘어가고자 핑계를 댔지만, 일단 시작한 후에는 언제 그랬냐는 듯 점점 더 진지한 모습으로 임하게 되는 폴의 모습, 이것이 우리 삶의 실제 모습, 즉 팩트(Fact)인 것이죠. 흔히, 뭔가를 하고 싶은 마음이란 것이 시작 전이 아닌 시작 후에 생긴다는 말씀!

이제~ 문제 나갑니다 ^^.

당장 무엇을 해야 하지만 죽어라 하기 싫을 때 우린 어떻게 해야 할까요?

정답은, Just Do It!

네, 일단 시작하는 겁니다.

무언가를 할 때 자꾸 미루면 뇌는 시작하기도 전에 에너지를 잃고 지친다. 시작이 반이라고 일단 시작부터 해야 한다. 정신의학자 에밀 크레펠린의 작동 흥분 이론(work excitement theory)에 의하면, 일단 일을 시작하면 뇌의 측좌핵 부위가 흥분하기 시작하여 관심과 재미가 없던 일에도 몰두하고 지속할 수 있게 된다. 미루거나 머뭇거리는 순간 성공과는 거리가 멀어지는 것이다.

* 출처: 한국강사신문(https://www.lecturernews.com) [강은영의 「뇌과학 이야기」] '작동흥분 이론' 기계처럼 반복하기 중에서 발췌

Wait A Minute

제임스 클리어(James Clear)는 저서 「아주 작은 습관의 힘(Atomic Habits)」에서 운동이든 학업이든 뭔가 중요한 무엇을 해야 할 때, 한꺼번에 전체 과정을 생각하지 말고, 첫 2분에 초점을 맞출 것을 권합니다. 소위 '2분 법칙(2 minute rule)'. 처음 시작할 때가 가장 저항이 심해서 대부분 포기한다는 점을 감안하여 시작하는 부분을 아주 쉽게 만드는 것이 중요하다는 것이죠.

퇴근 후 달리기를 할 때도 '어디와 어디를 지나 거기까지 1시간이나 어떻게 달리지?' 생각하는 것이 아니라, '옷 갈아입고, 신발 끈 매고, 문 열고 나서는 것'까지만 집중하라는 것입니다.

공부하는 것도 '어휴! 3시간 동안 이 과목, 저 과목을 언제 다 볼까?' 하고 생각하는 것이 아니라 '책상 위에 불필요한 것 치우고, 당장 필요한 과목의 교재를 꺼낸 후, 필기구를 들이대는 것까지'만으로 초점을 맞추라는 것이죠. 여기서 특별히 그가 말한 중요한 포인트가 있습니다.

Motivation often comes after starting, not before.

하고자 하는 마음(동기)은 흔히 시작 전이 아닌, 시작한 후에야 비로소 생겨난다는 것. 영화 속 검술 연습 장면이 주는 깨달음은 바로 이것이 아닐까요?

32
Papillon
빠삐용

<빠삐용(Papillon)>(1973)

인간이 저지를 수 있는
가장 끔찍한 범죄는?

"시간을 돌이킬 수 있다면 얼마나 좋을까?"

그저께 차에 동승한 아내가 했던 말입니다.

재능 있는 미용사였던 아내. 서울에서 미용 관련 행사가 있어 참가할 때마다 상을 받고, 운영하던 미용실 또한 성장하는 과정에 있었지만, 출산과 함께 전업주부가 되었습니다. 남편의 호언장담을 믿고⋯.

오랜 세월이 지난 지금, 기대했던 경제적 여유가 이루어지지 못한 상황에서 지금이라도 무언가를 해야겠다는 생각, 그리고 '왜 그동안 아무것도 하지 않았을까?' 하며 허송한 세월을 자신 탓으로 돌립니다.

사실 주어진 시간의 소중함을 모르고 허비해 버린 것은 다른 어느 누구도 아닌 남편, 저라는 것을, 저는 차마⋯.

영화 〈빠삐용〉은 1973년에 제작된 명작입니다. 억울한 누명을 쓰고 프랑스령인 적도 부근의 기아나(Guyana) 감옥에 갇혀 있었지만, 끝까지 자유를 갈망하며 자신의 삶을 되찾으려 도전하던 주인공 빠삐용의 모습은 정말 인상적이었습니다.

두 번째 탈출 시도를 실패한 후 징계로서 주어진 독방 기간을 채워가던 중, 쇠약해져 거의 죽어가는 빠삐용. 그는 꿈속에서 자신에게 유죄를 선고한 재판관을 만나 거세게 항의합니다. 자신은 결백하다고. 이때, 그 재판관은 이렇게 답하죠.

> **Judge**: Yours is the most terrible crime a human being can commit.
> 판사: 네 죄는 인간이 저지를 수 있는 가장 끔찍한 범죄이지.
> I accuse you... of a wasted life!
> 난 네가 허비해 버린 삶에 대해 죄를 묻는 것이야!
> **Papillon**: Guilty... guilty... guilty....
> 빠삐용: (할 말을 잃고) 난 유죄요… 유죄… 유죄….
>
> - <빠삐용(Papillon)>(1973)

강하고 자신 있게 무죄를 외치던 빠삐용이 판사의 그 한마디에 바로 유죄를 인정하고 돌아서서 그렇게 순순히 멀어져 가는 장면.

요즘 쇼츠(shorts)라고 해서 짧은 시간, 재미 삼아 볼 만한 영상들이 휴대폰에 뜰 때, 그걸 보기 시작하면 30분이 지나도 중간에 끊는 게 정말 힘들다고 제 딸도 이야기합니다. 부끄러운 말씀이지만 저 또한 퇴근 시간 지하철에서 그냥 이어지는 쇼츠 영상을 탐닉하며 흘려보낸 시간이 적지 않았습니다.

이미 과거에 허비해 버린 시간에 대한 반성은 고사하고 그냥 이런저런 킬링 타임 영상을 보며 말 그대로 시간을 죽이고 있던 최근의 모습.

마치 구멍 뚫린 양동이처럼 짧은 인생 소중한 시간이 마구 낭비되고 있다는 느낌에 마음 한쪽에서 스스로에게 각성을 요구하던 차, 이 영화를 만났고, 이 장면의 메시지는 시기적절한 만큼이나 강렬하게 다가왔습니다.

여러분은 어떠신가요? 함께 기억하시면 좋겠습니다. 우리의 귀한 시간을 낭비하며 그냥 지나쳐 보내는 것은 인간이 저지를 수 있는 가장 끔찍한 범죄라는 사실!

Wait A Minute

 갑자기 눈에 띄게 표정이 어두워진 학생이 있어 상담을 하게 되었습니다. 최근 중요한 시험을 치른 후 이성 친구와 산책길도 거닐고, 영화도 보며 '아, 정말 별일 없이도 이렇게 행복할 수 있구나!' 하고 행복감을 느꼈다는 그 학생.

 문제는 그 이후 많은 생각에 사로잡혀 갑자기 공부가 너무 하기 싫어지고 건강마저 나빠지는 것이었습니다. 도움이 될 만한 이야기를 꺼내 보았으나, 왠지 모든 말이 그냥 튕겨 나오는 느낌이 들었습니다. 저는 하던 말을 중단하고 〈빠삐용〉의 이 장면을 유튜브 영상으로 보여 주었습니다. 그리고 뭔가 막힌 것이 트이는 듯한 느낌과 함께 학생의 눈에 짧은 순간 비췄던 무엇.

 일주일 남짓 지난 후 여전히 컨디션이 나빠 보여 '별 도움이 되지 못했구나.' 하고 자책할 즈음, "선생님, 지금 당장은 독감 때문에 많이 힘들긴 하지만 잘할 수 있을 것 같아요. 열심히 해 볼게요. 파이팅!"

 어눌하고 어색한 파이팅 포즈에 서로 웃음이 절로 나온 그날 아침, 흐뭇한 미소와 함께 스치듯 저도 이런 생각이 들었습니다.

 '아, 정말 별일 없이도 이렇게 행복할 수 있구나!'

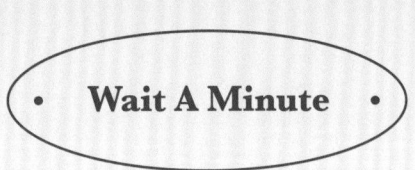

독방에 갇힌 신세가 된 동료 빠삐용이 기력을 잃지 않도록 코코넛을 몰래 챙겨주던 드가(Dega). 누군가가 빠삐용에게 음식을 넣어 주고 있던 것을 눈치 챈 감옥 책임자는 코코넛을 준 사람이 누구인지 이름을 실토하라며 추궁하지만 그는 침묵합니다.

이에 대한 추가 징계로 얼마 되지도 않는 배식 양을 더 줄여 절반만 배급되는 상황, 그리고 햇빛도 차단된 암흑 독방 속에서 빠삐용은 6개월을 지내야 했고 이런 극한의 상황 속에서 하루를 더 버틴다는 것 자체가 빠삐용에게는 목숨을 거는 일임을 드가 또한 잘 알고 있었습니다. 자신이 그 입장이었다면 벌써 말했을 것이라며 빠삐용을 걱정하는 드가.

만약 빠삐용이 드가의 도움을 감옥 책임자에게 밝힌다면 그를 원망하지 않겠냐는 다른 동료의 질문에 드가는 이렇게 말합니다.

Blame is for God and small children.
비난(원망)은 신(神)과 어린 아이들이나 하는 거야.

- <빠삐용(Papillon)>(1973)

오직 모든 것을 다 아는 신(神)과 아무것도 모르는 아이들만 비난을 할 수 있다…. 지금 누군가를 비난하고 있는 우리는 과연 그들을, 그들이 처한 상황을 얼마나 알고 있는 것일까요?

33
Risen
부활

<부활(Risen)>(2016)

그 모든 것이 마음의 평화를 위해서라면…
다른 길은 없을까요?

Pilate: Your ambition is noticed. Where do you hope it will lead?

빌라도: 자네의 야심이 눈에 띄는군. 자넨 그것이 어디로 이끌어 주길 바라는 건가?

Clavius: Rome.

클라비우스: 로마입니다.

Pilate: And?

빌라도: 그리고?

Clavius: Position. Power.

클라비우스: 지위. 권력이죠.

Pilate: Which brings?

빌라도: 그것이 가져다주는 건?

Clavius: Wealth. A good family. Someday, a place in the country.

클라비우스: 부유함. 훌륭한 가문. 언젠가는, 나라에서 어느 한곳을 차지하겠죠.

Pilate: Where you'll find?

빌라도: 거기서 자네가 찾게 될 건?

Clavius: An end to travail. A day without death. Peace.

클라비우스: 힘든 일을 그만하게 되는 것. 죽음이 없는 나날. 평화입니다.

Pilate: All that for peace? Is there no other way?
빌라도: 그 모든 것들이 다 평화를 위해서? 다른 방법은 없는 건가?

- <부활(Risen)>(2016)

종교 서사 영화 <부활(Risen)>(2016)의 한 장면입니다. 로마군 호민관(Tribune)인 클라비우스(Clavius)는 메시아의 부활 소문을 막고 예루살렘의 소동을 방지할 목적으로, 예수(Jesus Christ)의 십자가형(刑) 이후에 벌어진 미스터리를 해결하는 임무를 맡게 됩니다.

상부의 명령에 따라 무참하게 상대를 무찌르며, 때로는 잔혹한 살인도 마다하지 않는 클라비우스의 모습에서 야망을 알아본 빌라도(Pilate, 당시 유대의 로마 총독)는 그 모든 치열함과 분투가 무엇을 위한 것인지 묻습니다.

말꼬리를 물듯 이어지는 문답(問答). 클라비우스의 최종 목표를 확인한 빌라도의 마지막 말은 묵직한 여운을 남깁니다.

All that for peace?
그 모든 것들이 다 평화를 위해서?
Is there no other way?
다른 방법은 없는 건가?

- <부활(Risen)>(2016)

우린 모두 각자 주어진 환경 속에서 자신만의 방식으로 치열하게 삶을 살아갑니다. 때로는 바닥이 꺼질 만큼의 좌절감에 괴로워하기도 하고, 아직은 내 것이 아닌 부와 명예를 바라보며 지금의 스트레스와 중압감을 감당하느라 분투하기도 합니다. 정말 이 모든 것은 무엇을 위한 것일까요?

혹시 클라비우스처럼 말년에 누릴 평안, 그 마음의 평화를 결국 우리 또한 찾고 있는 것이라면… 정말 다른 길은 없을까요?

> 내가 인생을 다시 산다면 이번에는 더 많은 실수를 저지르리라.
> 긴장을 풀고 몸을 부드럽게 하리라.
> 그리고 좀 더 바보가 되리라.
> 되도록 모든 일을 심각하게 생각하지 않으며
> 보다 많은 기회를 놓치지 않으리라.
> 더 자주 여행을 다니고 더 자주 노을을 보리라.
> 산도 가고 강에서 수영도 즐기리라.
> 아이스크림도 많이 먹고 콩 요리는 덜 먹으리라.
> 실제 고통을 많이 겪어도 고통을 상상하지는 않으리라.
>
> - 나딘 스테어의 「내가 인생을 다시 산다면」 중에서

미국 켄터키에 살았던 나딘 스테어(Nadine Stair)라는 할머니가 85세 되던 해에 쓴 시 「내가 인생을 다시 산다면(If I could live my life again)」입니다. 피부에 닿는 듯 그대로 스며드는, 할머니의 글. 왜 더 많은 실수를 저지르고 바보가 되겠다는 것일까요?

'완벽한 인생이, 혹은 완벽을 추구하는 인생이 꼭 행복하지는 않기에, 너무 경직되지 않고, 너무 심각하지 않게, 편안한 마음으로, 쓸데없는 걱정을 내려놓는 자유로운 삶을 살고 싶다는 것'이라는 취지의 황인환(여의도 힐 정신과 전문의)님 해석이 참 많이 와닿습니다.

* 네이버 포스트: 오직 이 순간만을 즐기면서 살아가리라: 나딘 스테어의 「내가 인생을 다시 산다면」 참고

특히, 다음 대목에서는 진심 어린 공감과 함께 저절로 고개가 끄덕여졌습니다.

"고통이 두려워 지레 포기하는 인생보다 고통스럽더라도 기꺼이 가보는 인생이 더 의미 있습니다. 아직 겪지 않은 미래의 고통을 미리 걱정하지 않고, 언제나 내 앞에 놓인 이 순간을 충실히 살아 내리라는 다짐입니다. … 할머니가 생각하는 쓸데없는 시간이란 미래만 바라보면서 순간을 즐기지 못하고 걱정 근심에 매여 사는 겁니다."

> 그리고 순간을 살되 쓸데없이 시간을 보내지 않으리라.
> 먼 나날만 바라보는 대신 이 순간을 즐기며 살아가리라. …
> 춤도 자주 추리라 회전목마도 자주 타리라 데이지 꽃도 더 많이 보리라.
>
> - 나딘 스테어의 「내가 인생을 다시 산다면」 중에서

여기저기 피어나지만, 오히려 그 평범함 때문에 늘 지나쳤던 데이지 꽃도 많이 보고 싶다는 할머니. 우연의 일치일까요? 데이지 꽃의 꽃말 순진, 인내, 평화, 희망 가운데 '평화'가 특별히 눈에 띕니다.

클라비우스가 피비린내 나는 일상을 인내(忍耐)하며 끝내 찾고자 했던 그 '평화'가 이미 우리 주변에 아름답게 피어, 우리가 시선을 돌려 자신의 존재를 발견해 주기만을 기다리고 있다는 사실이 참 경이롭습니다.

걱정에 붙들려 있지 않고 소중한 순간순간 일상의 행복을 음미하며 사는 것, 우리 깊은 마음속 꿈꿔 온 평화를 마음껏 누리는 오늘이 되길 소망합니다.

Wait A Minute

What is it you seek Clavius? Certainty... peace... a day without death?
네가 찾는 것이 무엇이냐? 확신… 평화… 죽음이 없는 나날?

- <부활(Risen)>(2016)

모두가 잠든 늦은 밤 예수님을 만난 클라비우스.

대화 끝 무렵 예수님께서 하신 질문입니다. 특히 '평화… 죽음이 없는 나날'을 말씀하신 순간, 클라비우스는 마음을 들킨 듯, 놀란 표정으로 이내 예수님의 미소에 고개를 끄덕이며 눈물 가득 조용히 내려앉아 하늘을 바라봅니다.

영원에 대한 자신의 판단이 혹 틀린 것일까 두려웠고 분투하는 삶의 끝에 평화가 있기를 원했으며 어쩌면 무엇보다 삶을 가득 채우고 있었던 잔혹함에서 벗어나고 싶었던 클라비우스. 그의 눈동자와 표정에서 느껴진 위로와 감동이 이토록 와닿는 것은 왜일까요?

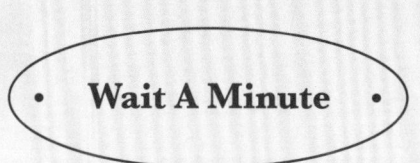

미국 코넬대학교 인간생태학 교수 칼 필레머(Karl Pillemer) 연구팀은 2004년 '코넬 레거시 프로젝트(The Cornell Legacy Project)'를 통해 1,000명이 넘는 고령자들을 인터뷰함으로써 귀중한 삶의 지혜를 찾고자 했고 이 결과물을 「이 모든 걸 처음부터 알았더라면: 삶, 사랑 그리고 사람에 대한 30가지 지혜」라는 책으로 공개했습니다.

* 원제는 '30 Lessons for Living: Tried and True Advice from the Wisest Americans'

이 연구에서 특별히 눈에 띄는 것은 걱정하느라 허비된 시간과 에너지에 대한 '회한(悔恨)'이었는데요, 그분들의 가장 큰 후회는 벌어지지도 않은 일 혹은 벌어진다 한들 어찌할 수 없는 일들에 대해 걱정하느라 너무 많은 세월을 보낸 것에 대한 아쉬움이었습니다.

> I've lived through some terrible things in my life, some of which actually happened.
> 내 인생에서 몇몇 끔찍한 일들을 겪었고, 그중 일부는 실제로 일어났다.
>
> - 마크 트웨인(Mark Twain)

* 무슨 일에 대해서든 미리 걱정하는 것이 그 일 자체보다 더 나쁘다는 것을 마크 트웨인 특유의 재치로 표현한 문구입니다.

34
No Time to Die
노 타임 투 다이

<노 타임 투 다이(No Time To Die)>(2021)

세상에 존재하는 것만으로
만족하시나요?

〈카지노 로얄(Casino Royale)〉(2006)과 함께 시작되었던 다니엘 크레이그(Daniel Craig)의 제임스 본드(James Bond) 시대가 끝이 났습니다.

한 시대를 풍미한 007 제임스 본드의 마지막 장면. 그는 지금까지 자신의 상징과도 같았던 화려하고 멋진 총 대신 딸이 아끼는 인형을 허리춤에 매고 있습니다. 멀리 연인 마들렌(Madeleine)과 딸이 있는 작은 섬을 말없이 바라보며 죽음을 맞이하기 전 그가 마지막으로 남긴 말은 이것이었습니다.

"I know, I know…."

언젠가 자신을 닮은 파란 눈을 보고 '혹시….' 하는 본드에게 "당신 딸 아니에요!"라며 그의 딸이 아님을 마들렌은 애써 강조했지만, 이 장면에서 그녀는 무전으로 나누는 마지막 대화 속에서, 고백처럼 "그 앤 당신 눈을 가지고 있어요."라며 본드의 딸임을 암시합니다. 그의 얼굴에 살짝 비친 아빠 미소.

본드의 죽음은 제 인생 이야기 속 또 하나의 마무리처럼 여겨져 공허한 아쉬움에 잠시 멍해지는 순간이었습니다. 영화 끝부분에 본드의 죽음을 애도하며 그를 기리는 자리에서, 영국 비밀 정보국 MI6의 수장인 M은 다음 문구를 낭독합니다.

> The function of man is to live, not to exist.
> 사람의 하는 일은 살아가는 것이지, 존재하는 것이 아니다.
> I shall not waste my days in trying to prolong them. I shall use my time.
> 나는 내 나날들을 그저 늘이기 위해 낭비하지 않겠다. 나는 내 시간을 사용할 것이다.
>
> - <노 타임 투 다이(No Time to Die)>(2021)

미국 작가인 잭 런던(Jack London)이 1916년 「샌프란시스코 회보(San Francisco Bullentin)」에서 처음 쓴 표현으로, 영화 <브레이브하트(Brave heart)>(1995) 속 윌리엄 월레스(William Wallace)의 말을 떠올리게 합니다.

> Every man dies, but not every man really lives.
> 모든 사람은 죽는다, 하지만 모든 사람이 정말 사는 것은 아니다.

그저 숨만 쉬고 연명하는 존재의 삶을 넘어, 주어진 시간을 온전히 사용하여 후회를 남기지 않는 우리가 되길 바라며…….

Wait A Minute

우리는 시간이 언제나 충분하다고 믿지만, 그렇지 않은 경우가 너무나 많습니다. 〈노 타임 투 다이(No Time to Die)〉의 시작 부분에서 연인 마들렌에게 여유로운 표정으로 본드는 말했었죠.

We have all the time in the world.
세상 모든 시간이 우리 거야.

영화 끝부분 자신의 죽음이 임박한 상황에서 "우리에게 시간이 더 있었더라면(If we had more time)…."이라 말하며 안타까워하는 마들렌에게 그가 한 말은,

You have all the time in the world.
세상 모든 시간이 당신 거야.

눈치 채셨나요, 그 차이를? 자신을 빼고 말하는 본드의 표정이 지금도 선합니다. 참, 1969년 개봉작인 007영화 〈여왕 폐하 대작전(On Her Majesty's Secret Service)〉의 끝부분에서 결혼식날 죽음을 당한 신부 트레이시(Tracy)를 끌어안고 슬퍼하던 본드가 마지막으로 해주었던 말 또한, "We have all the time in the world"였으며, 루이 암스트롱(Louis Armstrong)이 부른 이 영화 주제곡의 제목 또한 'We Have All The Time in The World'랍니다.

우리가 가진 이 세상 그 모든 시간도 지나고 나면 찰나인 것을, 돌아서면 어느새 내 것이 아닌 것을, 54년의 세월을 극복하고 두 개의 영화가 함께 아우러져 보여주는 것일까 하는 생각이 듭니다.

35

Forest Gump
포레스트 검프

<포레스트 검프(Forest Gump)>(1994)

바보? 똑똑?
행동하기 나름이죠

어느 주말 아침 수목원 연꽃 주변 벤치에 앉아 부드럽게 부는 바람과 저기 높이 나무 꼭대기에서 춤추는 나뭇잎 소리에 세상 온갖 여유와 힐링을 다 누리고 있을 즈음 먼지도 아니고 새 깃털도 아닌 자그마한 것이 뽀송뽀송 귀엽게 바로 눈앞에 등장~

순간 어느 영화가 떠오른 저는 장난기를 듬뿍 담아 혹혹 불기를 세 번 네 번 반복했더니, "우와!" 정말 신기하게도 이 녀석은 영화 속 그 깃털처럼 좌우로 위아래로 춤을 추며 나무 위로 올라갔고, 저는 신기한 나머지 미소 가득 환한 표정으로, 그 녀석이 완전히 보이지 않을 때까지 입 벌린 채 바라 보고 있었습니다.

역대 최고의 영화 가운데 하나로 손꼽히는 명작 〈포레스트 검프(Forest Gump)〉를 소개합니다. 케네디(Kennedy)와 존슨(Johnson) 대통령 시절 베트남 전쟁, 워터게이트 등 역사적으로 굵직한 사건들이, IQ 75인 주인공의 시선에서 그려지고 펼쳐지는 영화.

정상이라고 하기에는 약간 모자란 듯한 행동과 말투 때문에 만나는 사람들마다 같은 질문을 하고, 이에 주인공 포레스트(Forest)도 같은 말로 응수합니다.

People: Are you stupid or something?

사람들: 너 바보니?

Forest Gump: Stupid is as stupid does.

포레스트 검프: 그건 행동하기 나름인 거죠.

- <포레스트 검프(Forest Gump)>(1994)

'Stupid is as stupid does'는 'Beauty is as beauty does(하는 행동이 예쁘면 예쁘다)' 그리고 'Ugly is as ugly does(하는 행동이 추하면 추하다)'와 같은 말인데요. 결국 "사람은 행동하기 나름"이라는 것이죠. 지금 이 순간 내가 하고 있는 말과 행동은 나를 어떻게 정의하고 있을까요?

Smart?

Beauty?

Ugly or Stupid?

I don't know if we each have a destiny, or if we're all just floating around accidental-like on a breeze, but I, I think maybe it's both. Maybe both is happening at the same time.

우리에게 운명이란 게 있는 건지, 아니면 우리 모두가 바람을 타고 아무렇게나 떠다니는 건지 난 모르겠어, 하지만 내 생각엔 둘 다 맞는 것 같아. 어쩌면 그 두 가지가 동시에 일어나는 건지도.

- <포레스트 검프(Forest Gump)>(1994)

사랑했던 여인, 제니(Jenny)의 무덤 앞에서 그녀를 그리워하며 포레스트가 했던 이 말을 두고, 영화 처음과 끝 장면이 함께 떠오르는 건 저뿐일까요? 첫 장면, 바람에 실려 그냥 떠다니는 것 같지만 정해진 운명처럼 포레스트의 오른발에 살포시 내려앉는 깃털, 그리고 그것을 조용히 아끼는 책에 챙겨 두는 포레스트.

마지막 장면, 첫 등교를 위해 아들이 스쿨버스를 타기 전 가방 속 챙겨 둔 그 책을 발견한 포레스트. 반가운 마음으로 펼친 책에서 무심한 듯 흘러내리는, 하지만 어김없이 처음 그 자리 포레스트의 오른발에 내려앉은 깃털. 잠시 후 자신의 소명을 다한 듯 바람을 타고 자유롭게 이리저리 종잡을 수 없는 바람의 흐름을 따라 그에게서 멀리 날아갑니다.

결국 우리 삶이란 마구 휘갈기는 낙서가 아니며, 또 그렇다고 정해진 틀대로 완성된 그림도 아닌, '우연과 운명' 혹은 '운명과 우연'임을 깃털이 그려 내는 몸짓의 언어로 보여 주고 있는 것은 아니었을까.

36
Iron Man
아이언 맨

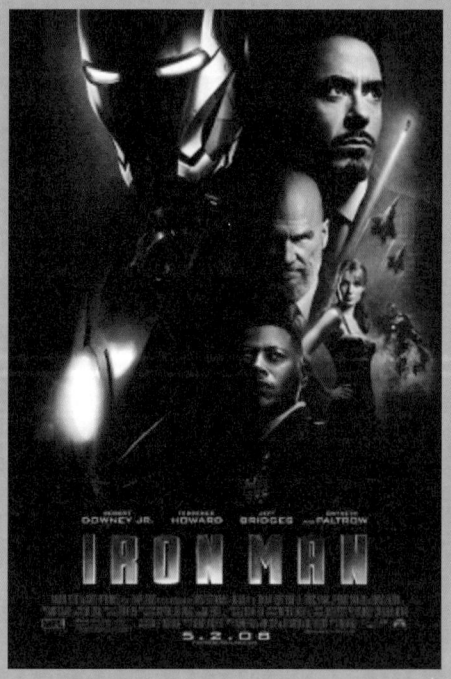

<아이언 맨<Iron Man>>(2008)

당신의 소중한 삶을
낭비하지 마세요

EBS에서 영어를 가르치시는 주혜연 선생님의 어느 강의 중 '마음 연고'라는 코너에서 따온 글입니다.

> 내일의 나를 믿지 말자. 오늘보다 하루 더 노쇠한 사람일 뿐, 절대 오늘 미룬 일까지 책임질 수 없다.
>
> — 주혜연, '마음 연고' 중에서

'아 피곤해, 그냥 내일 해야지.'라며 안일한 마음으로 너무 쉽게 미루지만, '내일의 나'는 절대로 오늘 내가 미룬 일을 할 수 있는 사람이 아니라는 것.

그저 하루 더 노쇠한 나일 뿐, 오늘 미룬 일까지 짊어질 수 있는 사람이 되지는 못한다는 것이죠. 그럼에도 오늘 우린 꼭 해야 할 일, 꼭 하고 싶은 일을 내일로 다음 달로 내년으로 떠밀며 한 번뿐인 소중한 삶을 아쉬움과 후회로 채우고 있습니다. 무엇이 문제인 걸까요?

마블 슈퍼 히어로 영화 가운데 꽤 높은 평가를 받는 〈아이언 맨(Iron Man)〉(2008)입니다.

아프가니스탄에서 무장단체에 납치된, 세계 최강 무기 생산 업체의 CEO 토니 스타크(Tony Stark)는 최신 미사일을 만들어 내라는 그들의 위협 속에서, 비밀리에 무장 철갑 수트(suit)를 만들어 탈출에 성공합니다.

이후 그는 첨단 하이테크 수트인 '아이언 맨(Iron Man)'을 완성하여, 아프간 동굴에서 깨달은 바, 부와 명예, 사치와 향락, 그리고 파괴가 아닌, 평화와 정의를 수호하기 위한 여정을 시작합니다.

* 정확하게 말하자면 아이언 맨 마크 I(Iron Man Mark I)입니다.

> Tony Stark: Come on, you're going to go see your family. Get up.
> 토니 스타크: 힘내요, 가족들 만나러 가야죠. 일어나요.
> Yinsen: My family is dead… I'm going to see them now.
> 인셴: 내 가족은 죽었어… 이제 그들을 만나러 가는 거지.
> It's okay, I want this… I want this.
> 괜찮아, 난 이걸 원해… 이걸 원해.
> Tony Stark : Thank you for saving me.
> 토니 스타크: 나를 살려 줘서 고마워요.
> Yinsen: Don't waste it… don't waste your life, Stark. [dies]
> 인셴: 낭비하지 마… 당신의 삶을 낭비하지 마, 스타크. [숨을 거둔다]
>
> - <아이언 맨(Iron Man)>(2008)

마블 영화의 큰 축을 담당하는 슈퍼 히어로 아이언 맨의 진정한 탄생은 바로 이 순간!

막강한 무기 산업체의 최고경영자로서 파괴와 전쟁의 화신이었던 토니 스타크였지만, 생명의 은인, 인셴(Yinsen)이 마지막 호흡을 담아 당부한 이 말을 듣고, 완전히 변화된 것이죠.

사실 토니가 인질로 잡힐 때 당한 치명상에서 회생할 수 있었던 것, 동굴 속에서 수트를 만들 수 있었던 것 모두 인센 덕분이었거든요. 그래서 어떤 분들은 이 순간을 숨은 최고의 장면으로 뽑고 있으며 인센을 마블 히어로 세계의 시작을 가능케 한 영웅으로 일컫기도 한답니다.

인생 최고의 장면, 더 이상 인생 낭비를 허용하지 않는 진정한 탄생 순간은 언제였나요? 아니면, 우린 아직도 그 순간을 기다리고 있는 걸까요?

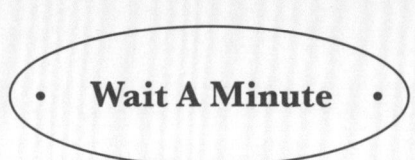

우리는 왜 소중한 인생을 낭비하는 것일까요? 블로거인 팀 어번(Tim Urban)은 '할 일을 미루는 사람의 심리(Inside the mind of a master procrastinator)'라는 TED 강연에서 익살스러우면서도 통찰력이 돋보이는 답을 제시합니다. 그는 우리의 뇌에 항상 이성적 판단을 할 수 있도록 해 주는 합리적 의사 결정자(rational decision-maker)와 과거와 미래 따위는 신경쓰지 않고, 쉽고 재미있는 것, 당장의 만족만 추구하는 원숭이(instant gratification monkey), 그리고, 이 원숭이의 천적이자 우리의 수호천사 역할을 하는 패닉 몬스터(panic monster)가 함께 있다고 말합니다.

보고서 제출, 학교 시험 등 언제까지 해내야 한다는 마감 기한(deadline)이 있을 때는 패닉 몬스터의 도움으로 우리의 생각과 행동을 합리적 의사 결정자가 조종하지만, 마감 기한이 없을 땐 심각한 문제가 발생합니다. 패닉 몬스터기 나타날 이유가 없기 때문에 놀기만 좋아하는 원숭이가 키를 쥐고, 쉽고 재미있는 것만 찾아 마음껏 우리 삶을 헤집는다는 것이죠. 팀 어번(Tim Urban)은 이것이 바로 엄청난 불행과 후회의 근원임을 지적합니다.

정말 안타까운 것은 긴 세월 동안 미루고 또 미루다 어느새 삶의 방관자가 되어 꿈을 아쉽게 이루지 못하는 정도가 아니라, 아예 꿈을 향해 출발조차 하지 못한 자신을 발견하게 된다는 것! 가족을 챙기는 것, 운동으로 건강을 지키는 것, 사람들과의 아름다운 유대를 형성하고, 잘못된 관계들을 정리하는 것에 이르기까지, 직장 생활을 제외한 거의 모든 중요한 일은 마감 기한이 없음을 가리키며 그가 남긴 메시지를 꼭 기억하세요.

Remember: the Monkey's sneakiest trick is when the deadlines aren't there.

Stay aware of the Instant Gratification Monkey.

기억하세요: 그 원숭이의 가장 교활한 속임수는 마감 기한이 없을 때라는 것.

당장의 만족만 추구하는 원숭이를 늘 의식하고 조심하세요.

— 팀 어번(Tim Urban)의 Ted 강연 중에서

37

Bad Boys for Life
나쁜 녀석들: 포에버

<나쁜 녀석들: 포에버 (Bad Boys for Life)>(2020)

당신은 지금
어디로 가고 있나요?

윌 스미스(Will Smith)와 마틴 로렌스(Martin Lawrence) 콤비의 활약이 돋보이는 영화 〈나쁜 녀석들(Bad Boys)〉 시리즈 중 세 번째 작품,

〈나쁜 녀석들: 포에버(Bad Boys for Life)〉(2020)를 소개합니다.

괴한의 총격으로 인해 혼수상태에 빠져 거의 죽음의 문턱까지 갔던 마이크 라우리(Mike Lowrey). 복수에 혈안이 되어 앞뒤 가리지 않고 폭주하는 그에게 하워드(Howard) 반장이 조언하는 장면입니다.

> There is a Zen story about a man riding a horse that is galloping very quickly.
> 아주 빨리 달리고 있는 말을 탄 남자에 대한 (불교의) 선(禪) 이야기가 있어.
> Another man, standing alongside the road, yells at him, "Where are you going?"
> 길가에 서 있던 다른 남자가 그에게 소리치지, "어디 가는 거요?"
> and the man on the horse yells back, "I don't know. Ask the horse."
> 그리고 말 탄 남자는 소리쳐 대답해, "난 몰라요. 말한테 물어보시오."
> The horse represents all of our fears and traumas and it's got us running around a hundred miles an hour to the point where we

can't even answer a simple question.
그 말(馬)은 우리 모든 두려움과 트라우마를 나타내지.
그리고 그것이 우리로 하여금 시속 백 마일로 달리는 상황을 만들어 우리가 간단한 질문마저도 대답할 수 없는 지경에 이르게 하고 있어.
Where are you going? Where are you going, Mike?
넌 어디로 가고 있지? 어디로 가고 있냐고, 마이크?
Mike, you gotta take control of your life. You gotta grab the reins before your horse runs you off a cliff.
마이크, 넌 네 삶을 컨트롤해야 해. 넌 네 말이 널 절벽에 떨어뜨리기 전에 고삐를 꽉 쥐어야 하는 거야.

- <나쁜 녀석들: 포에버(Bad Boys for Life)>(2020)

어디로 가는지조차 모르고 폭주하는 말에 모든 것을 내맡긴 그가 혹시 우리의 자화상(自畵像)일까 조심스럽습니다. 더 늦기 전에 달리는 말, 이 세월의 고삐를 힘껏 움켜쥐고 애초에 뜻을 두었던 그 길로, 마땅히 우리가 나아가야 할 그 방향으로 지금 당장 틀어야 합니다.

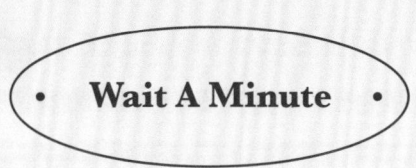

Wait A Minute

'하스타 엘 푸에고(Hasta El Fuego)'

영화 〈나쁜 녀석들: 포에버〉의 중요한 대목에서 반복 등장하는 말입니다. 사랑하는 두 연인이 '끝까지 변함없이 함께 하겠다.'는 자기들만의 약속된 언어로 쓰였지만, 다른 장면에선 'until you burn' 그리고 'until you die' 등의 해석이 또한 언급되어, '타서 죽는 순간까지'로 이해될 수도 있음을 보여 줍니다.

    교직을 떠나며 학생들과 했던 약속, '불꽃 같은 삶'.
    변함없는 불꽃처럼 타오르는 전력을 다한 삶으로 그들과 정상에서 만나기로 다짐했던 그날….
    지금 내가 달리고 있는 이 길과 방향이 옳은 것이기를.
    혹 틀린 것이라면 이제라도 고삐를 다시 움켜쥐고 바로잡을 지혜와 용기가 있기를.

> We can make the best or the worst of it. I hope you make the best of it. And I hope you see things that startle you. I hope you feel things you never felt before. I hope you meet people with a different point of view. I hope you live a life you're proud of. If you find that you're not, I hope you have the strength to start all over again.
> 우리는 삶을 최대한 잘 활용할 수도, 최악으로 낭비할 수도 있단다. 난 네가 최대한 잘 활용하길 바란다. 그리고 너를 놀라게 하는 것들을 보기를 바란다. 네

가 예전에 느껴 보지 못한 것들을 느끼길 바란다. 너와 다른 관점을 가진 사람들을 만나기를 바란다. 난 네가 자랑스러워할 삶을 살기를 바란단다. 만약 네가 (현재) 그렇지 않다고 깨닫는다면, 완전히 새로 시작할 힘을 네가 가지고 있기를 바란다.

- <벤자민 버튼의 시간은 거꾸로 간다
(The Curious Case of Benjamin Button)>(2008) 중에서

38
Finch
핀치

<핀치(Finch)>(2021)

위기의 순간
우리에게 주어지는 선택

대입 수학 능력 시험을 치른 어느 학생의 이야기입니다. 모의고사를 치면 모든 영역에서 거의 1등급이 나오는 아주 우수한 학생으로 기억합니다. 시험 당일, 1교시를 치르던 이 학생은 시험 중반에 이르러 눈물을 흘리기 시작합니다. "확실하게 풀리는 문제가 거의 없어" 특히 자신 있다고 여겼던 1교시 언어영역에서 좌절감을 느낀 이 학생은 어쩔 줄 모릅니다.

이 눈물은 쉬는 시간과 점심시간을 제외한 2교시, 3교시, 4교시까지 계속 이어지고, 시험이 끝난 후 귀가한 이 학생은 잠시 후 경악하게 됩니다. 채점을 하고 보니 정작 좌절감을 안겨 주었던 1교시 과목만 1등급이 나왔고, 감정이 먹먹한 상태에서 치렀던 나머지 2, 3, 4교시는 모두 망쳐 버렸던 것이죠. 굉장히 까다로웠던 그해 국어 문제를 맞아 사실은 상당히 선전하고 있었음에도 미리 실망해 버린 그 학생에게 기회는 없었습니다.

영화 〈핀치(Finch)〉(2021)를 소개합니다. 태양 표면의 폭발(solar flare)로 인해 오존이 완전히 파괴되어 농작물, 과일 등 먹을 것이 없어져 버린 어두운 미래, 생존자 핀치(Finch)는 자신의 죽음이 임박했음을 알고, 자신의 반려견을 지켜 줄 로봇을 만듭니다. 다음은 그 로봇에게 핀치가 해 준 말입니다.

Things will happen to you.
어떤 상황들이 너에게 벌어질 거야.
Things that you cannot control.
네가 어찌할 수 없는 상황들이지.
Raw emotion will find you.
격한 감정이 너에게 닥칠 거야.
When it does, how you deal with it, what you do will define who you are.
그 상황에서, 네가 어떻게 그것을 다루느냐, 무엇을 하느냐가 네가 누구인지를 결정하게 될 거란다.

- <핀치(Finch)>(2021)

    비슷한 실력임에도 막상 중요한 시험의 결과에서 큰 차이가 나는 것은 결국 그 절체절명의 순간 우리에게 던져지는 격한 감정을 어떻게 받아들이고, 어떤 행동을 선택하느냐의 문제가 아닐까요? 우리 삶의 큰 시험 속에서 벌어지는 상황들은 참으로 걷잡을 수 없고, 통제 불능일 수 있습니다.

    또한 격한 감정(raw emotion)은 우리의 이성을 쉽게 마비시키고, 우왕좌왕하게 만듭니다. 바로 그러한 순간 핀치의 조언을 기억하는 우리가 되길. 그리고 언젠가 이러한 지혜의 선택이 충분히 쌓여 우리가 원하는 그 모습으로, 간절히 소망하는 바로 그곳에 우뚝 설 수 있길 바랍니다.

Wait A Minute

영화 거의 끝부분에 이르러 핀치가 로봇 제프에게 반려견 굿이어(Goodyear)와 공놀이하는 법을 가르쳐 줄 때, 개가 자신을 싫어한다며 제프가 불평하는 장면이 있습니다. 핀치는 둘이서 방법을 찾게 될 거라는 말만 남긴 채 그날 저녁 숨을 거두고, 핀치 없이 제프와 굿이어는 둘만 남겨지게 되지요.

뭘 해야 하나 고민하던 제프는 개를 먹이는 것부터 시작합니다. 차츰차츰 굿이어는 제프와 공놀이도 하게 되죠. 이동하는 차 안에서도 처음에는 운전하는 제프와 제일 멀리 떨어진 끝, 침대칸에 머물러 있던 굿이어가 시간이 지나며 조금씩 조금씩 앞으로 다가와 마침내 제프 옆 조수석에서 가까이 함께하기에 이릅니다. 함께한 시간과 노력으로 기어코 만들어진, 서로에 대한 신뢰.

〈오징어 게임〉에서 주인공 기훈이 했던 말이 생각납니다.

> 원래 사람은 믿을 만해서 믿는 게 아냐, 안 그러면 기댈 데가 없으니까 믿는 거지.
>
> - <오징어 게임(Squid Game)>(2021) 중에서

내가 믿지 못하는 세상, 나를 믿어 주지 않는 세상, 오늘을 사는 우리에게 필요한 신뢰의 열쇠도 서로를 인내하며 함께하는 그 시간과 노력이 아닐까요?

P.S. 아내와 만나 처음 약속했던 것은 지혜로운 삶이었습니다. 하지만 30년이 지나 드러난 건 저의 어리석음뿐… 도무지 신뢰할 만한 사람이 아님을 증명한 숱한 사건들은 떠올리는 것만으로도 고개를 숙이게 합니다. 그 세월이 빚어낸 지금 저희의 모습… 밝고 유쾌한 듯, 함께하는 시간이 있는가 하면 때로는 최근 며칠처

럼 말 한마디 꺼내는 것조차 힘든 시기도 적지 않습니다.

'서로를 인내하며 함께하는 시간과 노력이 아내와 함께하는 신뢰의 열쇠가 될 수 있다면' 그 소중한 바람을 붙들고 오늘도 제대로 할 말, 할 수 있는 말도 없으면서 휴대폰에 띄운 아내 폰 번호를 눌러 봅니다.

39
Men of Honor
멘 오브 오너

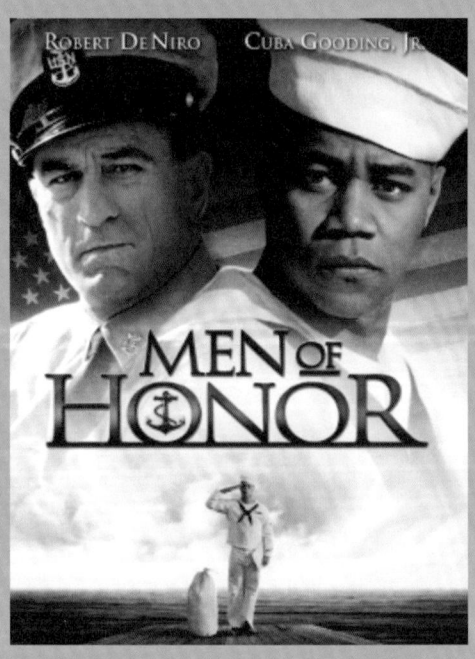

<멘 오브 오너(Men of Honor)>(2000)

우리 삶이
그냥 지나쳐 버리지 않도록

제 아내는 정말 많은 재주를 가진 사람입니다. 특히 요리에 있어서 그녀의 능력은 가족 모두가 인정하죠. 딸의 친구들은 아내를 '여자 백종원'으로 부른답니다. 최근 요식업 쪽에서 일을 배우면서, 사람들이 그 특별한 능력을 인정하고 알아주는 덕에 재미 또한 느끼는 듯합니다.

나이 오십을 훌쩍 넘어 이제라도 가게를 열어 볼까 고민하는 아내. 돈을 많이 벌어서 아들에게 딸에게, 심지어 저에게도 무언가를 꼭 사주고 싶다는 아내가 고맙긴 하지만 아내의 열정을 잘 알기에 혹시 가게를 키우느라 몸과 마음이 많이 상하지 않을까… 이런 상황과 고민을 초래한 저의 무능력이 부끄럽고 미안할 뿐입니다.

영화 〈멘 오브 오너(Men of Honor)〉(2000)를 소개합니다.

인종 차별이 심했던 시절, 최초의 흑인 해군 잠수부가 되겠다는 결의 하나로, 자신을 어떻게든 실패하도록 만들려는 백인 상관의 혹독한 괴롭힘과 훈련을 넘어, 흑인 최초로 미 해군 마스터 잠수부(Master Chief, 원사)가 된 칼 브래셔(Carl Brashear)의 실화를 그린 영화.

이제 막 의사의 길을 시작하려는 여자 친구 조(Jo)는, 굳이 세상과 부딪치며 자신의 길을 고집하는 칼(Carl)을 만류하지만, 그는 단호하게 말합니다.

> Jo: The things I want are smaller.
> If I just work hard and keep my head down,
> 조: 내가 원하는 건 작아요.
> 만약 내가 그냥 열심히 일하고 조용히 살아가기만 한다면,
> Carl: Your whole life will pass you by.
> 칼: 당신의 삶 전체가 그냥 지나가 버릴 거야.
>
> - <멘 오브 오너(Men of Honor)>(2000)

고개 숙여 땅만 보고 걷기엔 세상이 너무 아름답고 오늘 하루가 너무 화창합니다. 불평만 하고 주저앉아 대충 살기엔 우리에게 허락된 시간이 너무 짧습니다.

어젯밤 아내와 대화를 나누던 중 나의 삶이 얼마가 남았건 그냥 허송하지 않고, 뜻을 세운 대로 의미 있게 살고 싶다는 마음을 영화 속 대화로 대신했습니다. 그리고 문득 가게를 열어 도전해 보겠다는 아내의 생각을 어리석은 제가 미처 깨닫지 못한바, 같은 고민에서 기인한 것일까 하는….

아내의 삶이 그리고 저의 삶이 헛되이 지나쳐 버리지 않도록 우리 삶이 지닌 그 의미와 가치를 알 수 있는 지혜와 이를 실천할 수 있는 용기가 저희에게 있기를 진심으로 소망합니다.

Wait A Minute

무지와 가난을 대물림하지 않으려 평생을 헌신해 온 아버지 맥(Mac)이 해군에 입대하는 아들 칼(Carl)에게 당부하는 말과 함께 건네 준 것은 나무로 겉을 댄 작은 라디오였습니다. 영화 중반 누군가가 라디오에 겉면에 쓰인 무언가를 보고 그 의미를 궁금해하는 장면이 있습니다.

선명하게 적혀 있는 글,

    ASNF
    A Son Never Forgets.
    아들은 절대 잊지 않는다.

자신의 꿈을 추구하고 도전할 수 있도록 밑거름이 되어 준 아버지의 희생을 어찌 잊을 수 있겠습니까?
조용히 불러보는 이름, 아버지.
세월이 지나, 어느덧 돌아가신 즈음의 나이가 된 지금
당신이 너무 보고 싶고 그립습니다.

사랑합니다, 아버지.

* 아버지 살아생전에 한 번도 드리지 못했던 그 말씀과 인사를 이제야 드립니다.

40

Top Gun Maverick
탑 건 매버릭

<탑 건 매버릭(Top Gun Maverick)>(2022)

생각은 이제 그만,
지금은 행동해야 할 때

고속도로를 타고 아들과 함께 귀가 중이었습니다. 비록 저녁 시간이긴 했지만 평상시 이 정도로 막히는 길은 아닌데 무슨 일일까 답답해하던 즈음 계속 이어지는 119 응급 차량과 견인차의 행렬. 차들은 길을 터 주기 위해 양측 가장자리로 이동했다가 다시 정상 차로로 돌아오는 것을 반복하고 있었습니다.

그때 꽉 막힌 도로의 중앙이 열려 시원하게 달리는 소방차를 따라가 볼까 하는 장난기 어린 생각으로, 마침 지루해하고 있던 아들에게 "Don't think! Just do!"라고 외치며 따라가는 시늉을 해서 함께 잠깐 웃을 수 있었습니다. 순간 아차 하는 생각!

'사고 상황을 두고 이런 장난을 치다니…!'

잠시 후, 사고 현장을 지날 때 큰 사고가 아닌 것을 확인하고는 그나마 다행이라며 가슴을 쓸어내렸습니다.

〈탑 건(Top Gun)〉(1986) 출연 이후 36년 만에 해군 전투기 조종사 매버릭(Maverick)으로 돌아온 톰 크루즈(Tom Cruise)가 너무 반가운 영화, 〈탑 건 매버릭(Top Gun Maverick)〉(2022). 오랜 기다림만큼이나 완성도 있는 내용과 연기로 호평 일색인 이 영화를 보며 감상에 젖는 중년 분들이 많았다는데, 여기 한 명 추가요.

30여 년간의 뛰어난 업적과 공로에도 불구하고 진급보다는 현역 전투기 조종사, 첨단 전투기 테스트 파일럿(test pilot)으로서 도전의 삶을 이어 가던 피트 미첼 대령, 매버릭은 갑작스러운 계기로 탑 건 교관으로 돌아오게 됩니다. 자살 임무와 다름없는 작전을 위해 젊은 조종사들을 교육하던 그는 결국 자신이 팀 리더(team leader)가 되어 그들을 이끌고 적지로 향합니다.

영화 속 중요한 순간 반복 언급되는 말이 있습니다.

Don't think. Just do.

아무 생각 없이 마구 뭐든 하라는 무책임한 말이 아니라, 전투기 공중전(dogfight) 같은 결정적 순간, 망설임이나 주저함 없는 과감한 판단과 실행을 당부하는 것이었죠. 실전에 이르기까지 전투기 조종사들이 거쳐야 하는 훈련의 강도(强度)는 상상조차 어렵습니다.

그러한 모든 훈련 이후 마침내 닥친 절체절명의 상황 속에서 과연 순간순간 오른쪽? 왼쪽? 기관포? 미사일? 고민하고 생각할 시간이 있을까요?

You think up there?
You're dead. Believe me.
(공중전이 한창일 때) 거기서 생각한다면?
넌 (이미) 죽은 거야. 내 말을 믿어.

- <탑 건 매버릭(Top Gun Maverick)>(2022)

매버릭이 했던 이 말은 36년 전 〈탑 건(Top Gun)〉(1986)에서 그가 교육생이었을 때의 대사를 고스란히 가져온 듯합니다.

> You don't have time to think up there.
> If you think, you're dead.
> 공중전 가운데 생각할 시간 따윈 없죠.
> 생각한다면, (이미) 죽은 거니까요.
>
> - 〈탑 건(Top Gun)〉(1986)

훈련 과정 속 자신의 피와 땀, 그 눈물겨운 노력을 믿고, 순간의 상황이 요구하는 것을 본능과 직감으로 과감하게 실행하는 것이 필요할 뿐이라는 것이지요.

수능을 열흘 남짓 남겨두고 성적이 나오지 않을까 불안해하며 심하게 흔들리는 학생이 있었습니다. 군 제대 이후 엄청난 열정으로 최선을 다하던 학생이 갑자기 자신감을 잃고 무기력에 빠져 의미 없는 고민으로 금쪽같은 시간을 허송하고 있었던 겁니다.

저는 말했습니다. "지금 모습은 마치 공중전(dogfight) 상황 한가운데서, 내가 저 상대를 이길 수 있을까 없을까 생각하며 전투기 속에 앉아 그냥 걱정하는 것과 같아. 지금껏 힘든 과정을 버텨 낸 자신을 믿어봐. 이런저런 생각보다 자신을 믿고 행동하는 것이 중요한 지금이 아닐까?"

조언하는 입장이긴 했지만 이는 제 자신에게 당부하는 것이기도 했습니다. 시험, 발표, 혹은 오디션 등 오랜 기간 최선을 다해 준비해 놓고선 당일 그 현장에서 이런저런 생각에 휘둘려 자신감을 잃고 헤맸던 경험을 한 사람이 저뿐일까요?

Don't think. Just do!

생각은 이제 그만, 지금은 행동해야 할 때입니다.

매버릭에게는 좋은 습관이 하나 있습니다. 바로 중요한 고비 때마다 자신의 이름을 불러 주며 스스로를 응원하는 것입니다.

"Easy, Maverick. Let's try not to get fired on the first day."
"진정해, 매버릭. 첫날부터 해고 당하지는 않도록 (잘) 해보자고."

훈련 첫날 교관으로서 잘해보자며 스스로에게 했던 말이죠.
그리고, 누가 자신을 자극했을 때,

"Don't let him get to you, Maverick."
"저 친구(말) 너무 신경 쓰지 말자, 매버릭."

스스로 차분함을 유도하고, 집중이 필요했던 순간,

"One last chance! Come on, Maverick!"
"마지막 기회야! 힘내, 매버릭!"

언젠가 어떤 유명 강사분이 수업 중간 뭔가 처지는 느낌이 들 때, "누구야, 힘내자!" 자신의 이름을 외치며 힘내는 모습을 봤던 기억이 납니다. 격려와 응원이 필요한 순간, 우리 이름을 불러 주며 힘이 되어줄 친구, 멀리 있지 않습니다.

P.S. 멋진 응원 구호 하나 알려드릴까요?

"You got this!"

"넌 할 수 있어!"

매버릭이 임무를 위해 떠나기 전 생각이 많아 보이는 젊은 대원에게 했던 말입니다. 자신의 이름을 앞에 넣고, 용기가 필요할 때 외쳐 보세요.

"Charlie! You got this!"

"찰리! 넌 할 수 있어!"

E side

함께하기
가족, 행복, 사랑

41
Life of Pi
라이프 오브 파이

<라이프 오브 파이(Life of Pi)>(2012)

무심코 지나치면
후회하는 순간들

중년이 되도록 제대로 된 가족여행 한 번 없이 지나온 것이 특별히 마음에 걸릴 즈음, 큰마음 먹고(?) 2박 3일 제주도 여행을 떠났습니다. 정말 즐거워하는 딸과 행복해하는 아내의 모습에 '왜 더 일찍 이 생각을 못했을까?' 하고 뒤늦은 아쉬움을 속으로 삼키며, '삶의 길목 길목, 추억의 이정표 하나 없는 건조한 삶은 이제 그만!' 하자고 다짐했습니다. 제 삶 속 절실했던, 중요한 쉼표가 되어 준 가족여행, 그 출발점이 되어준 영화, 〈라이프 오브 파이(Life of Pi)〉(2012)를 소개합니다.

인도에서 동물원을 운영하던 파이(Pi)의 가족은 동물들을 싣고 캐나다로 향하던 도중 폭풍우를 만나고, 배는 침몰하게 됩니다. 결국 파이는 가족 모두를 잃고, 망망대해에서 벵갈 호랑이 리처드 파커(Richard Parker)와 함께 생존해야 하는 상황에 처하지요.

이후 둘은 전혀 예상치 못했던 유대를 형성하게 됩니다. 호랑이 리처드 파커에 대한 두려움은 파이로 하여금 기민한 정신을 유지하게 하고, 그를 돌봐주는 것은 어느새 파이 삶의 목적이 되죠. 길고 힘겨웠던 여정의 끝에 이르러 그들이 도착한 곳은 멕시코의 어느 해안.

녹초가 되어 해안에 엎드러져 있는 파이를 두고 호랑이 리처드 파커는

천천히 정글 쪽으로 걸어가 정글을 바로 앞에 두고 멈춰 섭니다. 그가 돌아보거나, 어떤 식으로든 마지막 인사를 하지 않을까 하는 마음에 고개 들어 바라보는 파이. 하지만 리처드 파커는 그대로 정글로 들어가 버리고… 잠시 후 자신을 발견한 현지인들에 의해 구조되어 들려가는 파이는 아이처럼 울음을 터뜨립니다. 그 울음의 의미는 무엇이었을까요?

> I wept like a child. Not because I was overwhelmed at having survived,
> 난 아이처럼 울었죠. 살아남았음에 벅차서가 아니었어요,
> although I was.
> 비록 사실 벅차기는 했지만요.
> I was weeping because Richard Parker left me so unceremoniously.
> 난 리처드 파커가 그렇게 아무 인사 없이 나를 떠나서 울고 있었던 거예요.
> It broke my heart.
> 난 마음이 아팠죠.
>
> - <라이프 오브 파이(Life of Pi)>(2012)

저는 파이의 고백 가운데 'unceremoniously'라는 말이 참 아프게 다가왔습니다. 'ceremony'는 라틴어 어원 의미로 볼 때, '종교적 숭배' 혹은 '의식의 준수'라는 다소 딱딱한 뉘앙스가 있습니다만, '약간의 예의와 형식을 빌려 어떤 일을 축하하는 경우'를 가리키는데요, 'unceremoniously'라 함은 아무런 예의나 형식 없이, 그 상황에 어울리는 아무런 인사나 행동 없이, 그냥 지나치는 것을 뜻하죠. 파이는 그저 호랑이 리처드와 기쁨을 이렇게 나누고 싶었음을 고백합니다.

It's over. We survived.

이제 끝났어. 우린 살아남은 거야.

Thank you for saving my life. I love you, Richard Parker.

내 생명을 구해 줘서 고마워. 사랑해, 리처드 파커.

You'll always be with me. May God be with you.

넌 항상 나와 함께 있을 거야. 신이 너와 함께 하시길 바라.

- <라이프 오브 파이(Life of Pi)>(2012)

우리 삶의 중요한 순간들, 기쁜 순간은 물론 슬픈 시간까지도, 서로를 위해 함께하고 마음을 표현하며 교감의 순간을 공유하는 것. 그렇게 함으로써 함께한 삶의 소중한 과정을 하나씩 추억으로 담아 가며 사는 것. 그것이 후회를 남기지 않는 지혜가 아닐까요?

I suppose in the end, the whole of life becomes an act of letting go.

난 결국 삶의 모든 것은 무언가를 떠나보내는(내려놓는) 행위가 된다고 생각해요.

But what always hurts the most is not taking a moment to say goodbye.

하지만 항상 마음을 가장 아프게 하는 것은 안녕이라는 인사를 하기 위해 잠깐의 시간마저 내지 않는 것이지요.

- <라이프 오브 파이(Life of Pi)>(2012)

삶의 시간이 지날수록 새로운 만남보다는 무엇인가를 떠나보내는 상황에 익숙해지는 우리. 만남과 함께 함의 기쁨이 더 크지 못하고 이별에 대한 아쉬움이 시리도록 더 아픈 것은 바로 'unceremoniously'라는 단어 속에 비친 무심함 때문이 아닐까요? 기쁨과 슬픔, 그리움과 아쉬움을 마음이 담긴 따뜻한 언어로, 그리고 몸짓으로 표현하며 사는 지혜가 참 소중하게 느껴집니다.

한 해의 업무를 다 마무리하고 나서 찾아가는 곳이 있습니다. 날씨가 맑을 땐 제가 일하는 곳(8층 건물)에서도 선명하게 보이는 이곳. 마음이 무겁거나 답답할 때 한 번씩 바라보며 "안녕, 곧 갈게!" 인사하고 나면 없던 힘도 생기고 마음 또한 차분해집니다.

바로 대구 시내가 한눈에 보이는 앞산 정상과 전망대. 앞산 정상에 올라 반가운 마음에 여기저기 바위와 흙도 1년 만에 만져 보고, 15분 남짓 거리에 있는 앞산 전망대로 이동합니다. 거기서 둘러보는 세상은 또 얼마나 상쾌한지. 시야가 닿는 저 멀리까지 바라보며 저 자신에게 말합니다. '올해도 해냈네. 정말 수고 많았어.'

아무런 인사 없이 그냥 떠나 버린 호랑이 리처드를 두고 사무치듯 아쉬워했던 파이와 달리, "호랑아, 잘 가!" 하고 외쳐봅니다.

* 2022년은 임인년(任寅年), 검은 호랑이띠의 해였답니다.

저는 때 마침 2022년 호랑이의 해를 기쁨과 사랑의 인사로 보낼 수 있어서 행복하고 감사했습니다. 마치 제가 영화 속 호랑이 리처드와 친구가 된 것처럼.

Wait A Minute

Richard Parker, my fierce companion, the terrible one who kept me alive, disappeared forever from my life.
리처드 파커, 내 사나운 친구, 나를 살아있게 한 무서운 친구가 내 삶에서 영원히 사라져 버렸죠.

- <라이프 오브 파이(Life of Pi)>(2012)

리처드 파커의 마지막 모습을 추억하는 파이의 말은 영화 중반 그가 인정했던 사실을 떠올리게 합니다.

Without Richard Parker, I would have died by now.
My fear of him keeps me alert.
리처드 파커가 없었다면, 저는 지금쯤 죽었을 거예요. 그에 대한 두려움이 내 정신을 깨어 있게 만들죠.

- <라이프 오브 파이(Life of Pi)>(2012)

사납고 무섭지만, 그의 존재로 인해 우리 정신이 깨어 있을 수 있다면, 살아 있을 수 있다면…. 교직을 그만두고 처음 시작한 학원 근무는 부족한 것 투성이였던 제게 두려울 만큼 사납고 무서웠습니다.
하지만 세월이 지나 파이의 깨달음은 제 것이 되었죠. 이 사나운 존재야말로 저의 깨어 있음과 살아있음을 가능케 한 힘의 근원, 리처드 파커였다는 것!
며칠 전, 이러한 생각과 그 깨달음을 딸과 나눈 대화 속에서 함께 공유할 수 있어 흐뭇했습니다. 여러분의 리처드 파커는 무엇일까 궁금합니다.

42
Don't Look Up
돈 룩 업

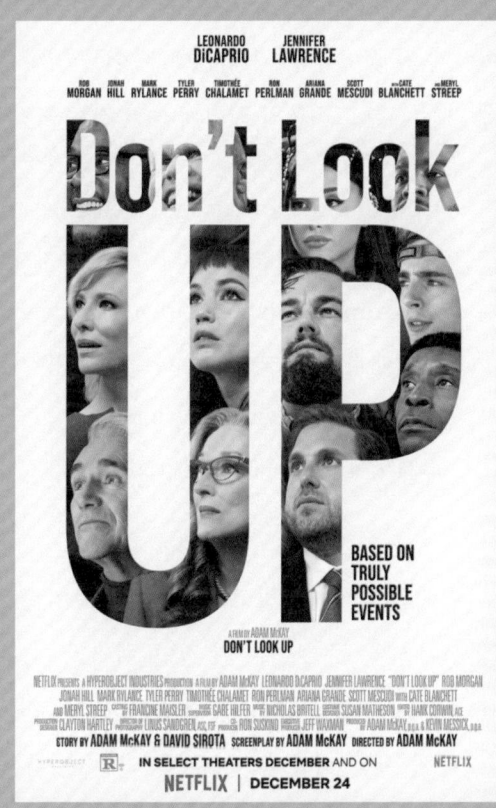

<돈 룩 업(Don't Look Up)>(2021)

마지막 순간,
함께하는 것은 가족입니다

대학생 시절에 많은 것을 보고 배웠던 존경하는 선배에게서 연락이 왔습니다. 20년 만에 만난 선배와 저는 오랜 세월이 흘러서도 건강한 모습으로 재회할 수 있어서 기뻤습니다. 즐거운 마음에 이런저런 이야기를 나누다가 이르게 된 것이, 선배가 최근에 본 어느 영화 장면이었는데요. 선배 목소리에 담긴 진한 그리움의 깊이에 순간 저는 숙연해질 수밖에 없었습니다.

> I'm thankful for that night I fell asleep out in the backyard.
> 전 제가 뒤뜰에서 잠이 들었던 그날 밤이 감사해요.
> Woke up face-to-face with a baby deer.
> 깼을 때 아기 사슴과 얼굴을 마주 보고 있었거든요.
> It was the best day of my life.
> 그때가 제 인생의 최고의 날이었어요.
>
> - <돈 룩 업(Don't Look Up)>(2021)

어쩌면 그저 밋밋하고 평범하게만 보이는, 그래서인지 아무도 특별히 신경 쓰지 않는 듯 보이는 이 장면. 하지만 이 부분은 선배가 영화 <돈 룩 업(Don't Look Up)>에서 제일 좋았다고 한 장면이었습니다.

곧 임박한 혜성과의 충돌을 앞두고, 자신들의 삶이 끝나기 전, 민디

(Mindy)교수 가족들 모두가 함께 마지막 저녁 식사를 함께하는 자리.

삶의 마지막 순간을 맞이하기 전 지금까지의 삶 가운데 각자 감사한 것을 하나씩 말하는 대목에서, 젊은 아들은 어릴 적 뒷마당에서 잠들었던 날을 떠올리며, 잠에서 깨어나 아기 사슴과 얼굴을 마주했던 그때가 너무 행복했음을 이야기했던 것이죠.

아버지, 어머니, 형 그리고 막내인 선배. 늘 밝은 이미지, 신중한 말과 행동으로, 언제나 특별했던 선배는 따뜻한 기억을 더듬는 듯 자신의 가족 이야기를 해 주었습니다.

지금은 서울 사람 다 되었다는 당시 고등학생이었던 형, 오래전에 돌아가신 어머니, 작년까지 함께 계시다가 갑작스럽게 돌아가신 아버지, 그리고 중학생이었던 선배. 모두 함께였던 그 시절이 너무나 행복하셨던 것 같습니다.

어머니께서 정성스레 준비하신 요리를 네 식구가 같이 맛있게 먹었던 그 순간들이 지금 와서 보니 정말 행복했다고, 그 소중한 모습들을 추억하는 선배의 이야기는 참 따뜻하면서도 가슴 아팠습니다.

얼마 전 TV에서도 배우 이정재 님이 자신을 단단하게 지켜 준 것은 오로지 가족이라고 말씀하시는 것을 보았습니다.

세월이 지나, 서울과 대구 그리고 이승과 저승까지, 함께할 수 없는 현재일지라도 여전히 선배 마음을 따스하게 채워 주고 있는 가족, 그리고 훌륭한 배우로서의 삶에 많은 사연도 굴곡도 있었겠지만 배우 이정재 님을 단단하게 지켜 주었던 가족. 공허했던 제 마음을 채워 주고, 흔들렸던 저의 삶을 지켜 준 가족을 이 시간, 생각합니다.

부족한 저를 만나 힘겨운 삶을 지금껏 인내하며 함께해 준 아내와 아들, 딸, 본가와 처가 가족, 소중한 그들 모두에 대한 고마움이, 가슴을 칠 만큼의 미안함이 큰 파도처럼 밀려옵니다.

기억에 남는 장면이 있습니다. 지구를 한순간에 파괴할 에베레스트 크기의 혜성이 다가오는 위기 상황 속에서도, 닥친 현실과 상관없이 경쾌 발랄하기만 한 방송을 두고 결국 폭발하는 민디 박사.

> I'm sorry, but not everything needs to sound so goddamn clever or charming or likeable all the time. Sometimes we need to just be able to say things to one another. We need to hear things!
> 미안해요, 하지만 모든 것이 언제나 그렇게 기발하거나 매혹적이거나 또는 좋게만 들려야 할 필요는 없잖아요. 가끔씩 우린 서로에게 무엇을 그냥 말할 수 있어야 해요. 우린 (그냥) 무엇을 들을 필요가 있다고요!
>
> - <돈 룩 업(Don't Look Up)>(2021)

24시간 내내 SNS와 뉴스를 통해 항상 무엇인가를 보고 듣고 있지만, 우린 과연 보고 있는 것인지, 우린 정말 듣고 있는 것인지.

> What've we done to ourselves? How do we fix it?
> 우리 자신에게 무슨 짓을 한 거죠? 어떻게 고치냐고요?
>
> - <돈 룩 업(Don't Look Up)>(2021)

민디 교수가 던진 마지막 질문입니다. 우린 정말 무슨 짓을 한 걸까요? 그리고 어떻게 해야 바로 잡을 수 있을까요?

People talking without speaking,
People hearing without listening
(마음에 없는) 말만 늘어놓는 사람들,
듣는 것 같지만 경청하지 않는 사람들

사이먼 & 가펑클(Simon & Garfunkel)의 노래 'Sound of Silence'의 가사 중 일부입니다. 피상적이기만 한 인간관계, 진실한 소통의 부재를 노래한 이 가사가 요즘 더 크게 와닿는 건 저 혼자만의 생각일까요?

43
Avatar I, II
아바타 I, II

<아바타 1편(왼쪽)과 아바타 2편: 물의 길(Avatar: The Way of Water)(오른쪽)>

가슴 따뜻한 사랑의 인사
'I SEE YOU'

새벽에 눈비가 내려 비상 출근한다는 아들을 흐뭇한 마음으로 바래다주는 길. 언제부턴가 부쩍 성장한 아들과의 대화가 조금씩 서먹해지면서 무엇이 문제일까 걱정도 되고, 마음을 열고 나눌 대화의 기회를 바라던 참이라 이런 시간이 반갑기만 했습니다.

30분 정도의 대화로 크게 무언가 달라진 것이 없을지언정 온통 미소로 돌아오는 길, 저는 생각합니다.

'나만 이런 걸까?'

영화 〈아바타(Avatar)〉 속 나비(Na'vi) 족이 쓰는 인사말,

I see you.

아바타 위키(Avatar wiki) 사이트에서는 "누군가를 만난 것에 대한 좋은 감정을 표현하는 것", 즉 물리적 측면을 넘어 영적인 면에서 상대를 바라보는 것으로 '그 사람을 이해한다.'라는 말과 가깝다고 정의합니다. 〈아바타〉 1편에서 동료가 주인공 설리(Sully)에게 가르쳐준 의미 'I see into you'도 그러한 맥락이겠지요.

2편에서 설리는 왠지 온갖 사고로 문제를 일으키는 둘째 아들 로악

(Lo'ak)에게 엄하기만 한 듯, 그리고 로악도 그런 아버지에게 굳이 다가가기를 원하지 않는 것 같습니다. 어쩌면 서로에 대한 불편한 마음에 더 가까워질 수 없었던 부자(父子) 사이.

하지만 위기의 순간, 이전에 보지 못한 차분함과 진지함으로 아버지인 자신의 생명을 구해 준 로악에게 설리는 울먹이며 말합니다.

I see you, son.

"내가 너의 참모습을 알지 못했었구나.
미안하다, 아들아. 그리고 사랑한다."

'I SEE YOU'의 진정한 깊이가 이런 것이었을까?
무언가를 깨달은 듯 잔잔한 감동이 아직 사라지기 전 잊을 수 없는 마지막 장면,
자신보다 먼저 세상을 떠난 맏아들 네테이암(Neteyam)을 영혼의 세계, 추억의 장면 속에서 재회(再會)한 설리가 눈물을 흘릴 때, "왜 우세요?"라며 묻는 아들 네테이암에게 그는 이렇게 말합니다.

Just happy to see you, boy.
널 보니까 그냥 행복해서 그래.

왜일까? 순간 제 귀에 함께 울렸던 말,

I see you.

불현듯 'I see you'는 'I am happy to see you'의 또 다른 표현이 아닐까 하는 생각까지… 누군가를 바라볼 때 마음속 행복함을 느낀다는 것만큼 따뜻하고 아름다운 인사가 또 있을까요?

원래 그런 거라는 어색한 부자(父子)사이.

이유가 무엇이든 세상의 아버지들이 아들을 볼 때마다 느끼는 그 행복한 마음을 말하고 고스란히 보여 줄 수 있다면 무엇이 더 필요할까요?

가슴 가득 채운 흐뭇함으로, 입가의 아빠 미소와 함께 우리만의 인사를 띄워봅니다.

I am happy to see you, son.
난 너를 만나 정말 행복하단다, 아들아.

Wait A Minute

영화 〈레디 플레이어 원(Ready Player One)〉편에서 언급되는 수잔 데이비드(Susan David)의 TED 강연이 생각납니다. 흥미로운 것은 강연의 시작과 끝에 그녀가 한 인사말, '사우보나(Sawubona)'인데요. 이는 줄루(Zulu)족의 말로 'I see you, and by seeing you, I bring you into being'을 의미한다고 합니다.

상대를 바라보고, 그렇게 함으로써, 그를 하나의 소중한 '존재'로 인정한다는 것이죠. 참으로 아름다운 인사말입니다. 어쩌면 제임스 카메론(James Cameron)감독은 이 말의 존재와 그 소중한 의미를 알고, 영화 장면 속의 따뜻한 메시지로 담아 내고 싶었던 것일까요?

'Sawubona.'

'I see you.'

'I am so happy to see you.'

'소중한 당신을 만나 저는 너무 행복합니다.'

44
Pinocchio
피노키오

<피노키오(Pinocchio)>(2022)

차가운 말 속에
숨겨진 진심

"넌 불편해."

딸을 눈물짓게 만든 한마디. 가장 친하다고 생각했던, 그래서 서로 제일 잘 통한다고 믿었던 엄마가 던진 말이었습니다. 최근 가게를 운영하느라 피곤에 지쳐 있는 엄마를 어느 누구보다 더 챙기고 응원했는데, 엄마가 자기 마음을 알아주기는커녕, 오히려 불편하다니. 안타까운 마음으로 조용히 듣고 있던 저는 영화 속 한 장면을 아껴 둔 선물처럼 내밉니다.

> **You know, all fathers love their sons,**
> 있잖아, 모든 아버지들은 자기 아들을 사랑한대,
> **but… sometimes fathers feel despair, like everyone else.**
> 하지만… 가끔씩 아빠들은 절망을 느끼기도 해, 다른 사람들처럼.
> **And they say things they only think they mean in the moment.**
> 그리고 그들은 그저 그 순간에 진심이라고 생각할 뿐인 말을 해 버려.
> **But with time, they learn they never really meant it at all.**
> 하지만 시간이 지나고 나면, 그들은 그게 전혀 진심이 아니었다는 걸 깨닫게 되거든.

And they may even call you ugly things like a burden or a coward, but inside... they love you.
그들이 널 '짐'이라든가, '겁쟁이'라든가 하는 심한 말로 부르기도 하지만, 속으로는 그들이 널 사랑한다는 거야.

- <피노키오(Pinocchio)>(2022)

* 피노키오에게 '짐(burden)'은 아주 슬프고 아픈 말이었습니다. 친구 귀뚜라미에게서 '짐(burden)'은 자신을 아프게 하지만 지고 가야 하는 고통스러운 것(something painful you must carry, even though it hurts you very much)이라 들었거든요.

언제나 차갑고 냉정하기만 한 아버지에게 자신이 겁쟁이가 아닌 걸 보여 주어 꼭 아버지가 자기를 좋아하게 만들겠다며 눈물을 글썽이는 친구 캔들윅(Candlewick)에게 피노키오가 해 주었던 말입니다. 이 말을 듣는 동안 캔들윅의 뺨에 조용히 흘러내리는 눈물, 그리고 그 순간 함께 느껴지는 위로.

순간의 절망과 격한 감정을 이기지 못하고, 던지듯 내뱉은 한마디에 우리 아이들이 겪었던 아픔이 이런 것일까. 그날 밤 어느 정도 안정을 찾은 딸은 잠자리에 들었고, 다음 날 오전, 직장에서 잠시 짬을 내어 영화 속 피노키오의 말을 사진으로 딸이 볼 수 있도록 보내 주었을 때 딸이 보내 준 카톡 메시지입니다.

아빠가 어제 저저 말해 준 게 많이 도움이 됐어요.
어젯밤에 냅다 쏟아붓고 쏙 들어가 버려서 미안하고 또 고맙고ㅎㅎㅎ
매번 도움만 받네요….
아버지도 오늘 파이팅하세용!

생기발랄한 이모티콘과 함께 보낸 이 메시지를 보고 제가 느낄 수 있었던 따스함은 정말 특별했습니다. 그날 저녁 아내 가게에 잠깐 들렀을 때, 딸은 밝은 표정으로 엄마 일을 거들고 있었고, 저는 방금 사 온 따뜻한 군고구마를 가게 한쪽에 두고 나왔답니다. 엄마 몰래 살짝 나눈 딸과의 눈인사에 흐뭇해하며….

I was trying to make you someone you were not. So don't be Carlo or anyone else. Be exactly who you are. I love you... exactly as you are.
내가 널 네가 아닌 누군가로 만들려 했구나.
이제는 카를로(Carlo)나 다른 누구가 되려 하지 말고. 네 모습 그대로가 되렴.
사랑한다… 네 모습 그대로의 너를.

- <피노키오(Pinocchio)>(2022)

* 카를로(Carlo)는 제페토(Geppetto)가 먼저 떠나보낸 아들의 이름입니다.

자신을 구하려 죽음을 당한 피노키오가 나무 요정의 도움으로 다시 살아나기 전 제페토가 눈물어린 진심을 담아 말하는 부분입니다. 혹시 나 또한 내 마음과 욕심에 이끌려 아들과 딸을 그들 본연의 모습이 아닌 누군가로 만들려 한 건 아닐까요? 내가 원하는 모습과 삶을 억지로 그들에게 강요하고 있는 건 아닐까요?

45

P.S. I Love You
P.S. 아이 러브 유

<P.S. 아이 러브 유(P.S. I Love You)>(2007)

우리는 결코
혼자가 아닙니다

"재수 생활 가운데 가장 힘들었던 게 뭔지 아세요?"

작년 한 해 고된 재수 생활을 이겨 내고 어엿한 대학생이 되어 인사차 찾아온 한 여학생이 묻습니다. 머뭇거리는 저에게 학생이 알려 준 정답은 '한 마디 말도 하지 않고 하루 종일 혼자서 묵묵히 공부하는 것.'

사람은 함께 살아야 하는 '사회적인 동물'이라 했던가요? 행정고시에 합격한 어느 5급 행정관도 시험을 준비하는 과정에서 혼자 말없이 몇 달 이상을 그렇게 고시원에 틀어박혀 준비하는 것이 마치 세상에서 자기가 잊혀지는 것 같아 많이 힘들었다고 고백했던 것이 생각납니다. 함께 떠오르는 영화, 〈P.S. 아이 러브 유(P.S. I Love You)〉(2007)를 소개합니다.

불치의 병으로 세상을 떠나게 된 남편, 그는 아내의 새로운 삶을 응원하기 위해 자신이 계획한 단계에 맞추어 10개의 메시지를 아내 몰래 남겨 둡니다. 사랑과 진심이 담긴 남편의 당부를 하나씩 따라가며, 아내가 의욕 충만한 삶의 새로운 시작을 맞이하게 된다는 이야기.

So now, all alone or not, you gotta walk ahead.
그러니까 이젠, 혼자건 아니건 간에, 넌 앞으로 나아가야해.
Thing to remember is if we're all alone,
then we're all together in that too.
기억해야할 건, 만약 우리 모두가 혼자라면,
우린 모두 그 속에서 함께 한다는 것이지.
- <P.S. 아이 러브 유(P.S. I Love You)>(2007)

남편과의 사별로 인해 힘겨워하는 딸에게 어머니가 해 준 말입니다. 혼자든 아니든 우린 앞으로 나아가야 하며, 정말 우리 모두가 혼자라면 우리는 사실 그 속에서 모두 함께하고 있는 것이라는 그 말. 언젠가 학원생들과 이 말을 나누었을 때, 울컥하는 그들의 모습이 눈에 들어왔던 것을 기억합니다.

같은 교실 안에 있어도 서로 마주 보고 대화를 나누지 못하는, 아니 대화는커녕 눈 마주치는 일마저 거의 없는 환경 속에서 하루하루를 버티는 학생들. 그들이 느끼고 있을 외로움이 얼마나 클지….

하지만 우리 학생들이 미처 깨닫지 못했던 것 하나. 비록 학원에서 서로 대화를 하거나 친구가 되려고 애쓰지 않아도, 자신의 자리를 지키며 묵묵히 자신의 길을 나아가는 그들은 드러나지 않을지언정 서로를 향한 위로와 공감, 그리고 격려를 이미 함께 나누고 있었다는 것입니다.

수능 이후 그들이 학원에서 만나 거리낌 없이 밝게 웃으며 서로 대화하는 모습을 보며 저는 생각합니다. 그들은 결코 혼자가 아니었음을.

우린 어떤 모습으로든 어디에 있든 함께입니다.

세상은 누구나 역경과 외로움을 헤쳐 나가는 현장입니다.
이 속에서 우린 분명 함께하고 있는 것이지요.
- 어느 교회 목사님 설교 중에서

'만약 우리 모두가 혼자라면, 우린 그 속에서 모두가 함께 하는 것입니다.' 이 메시지를 전할 때 항상 함께 들려주는 곡이 있습니다.

>If this night is not forever
>At least we are together
>I know I'm not alone
>이 밤이 영원한 것이 아니라면
>우린 함께인 거죠.
>난 알아요 혼자가 아님을
>Anywhere, whenever
>Apart, but still together
>I know I'm not alone
>어디든, 언제든
>떨어져 있어도 (우린) 여전히 함께하는 것
>난 알아요 혼자가 아님을
>
>- 앨런 워커(Alan Walker), 'Alone' 중에서

짙은 고독의 이 밤도 영원할 수 없으며 시공간의 장벽도 우리가 함께임을 막을 수 없다는 메시지.

딸이 알려 준 가수 아이유의 말이 떠오릅니다.

우울한 기분이 들 때 그 기분에 진짜 속지 않으려고 노력해요.
이 기분 절대 영원하지 않고
5분 안에 내가 바꿀 수 있어!
몸을 움직여야 해요, 진짜로!

선한 영향력으로 많은 분에게 사랑받는 그녀가 자신의 경험을 통해 깨달은 것을 방송에서 말한 것이었는데요. 딸이 우울한 마음으로 힘들어하던 때, 정말 큰 위로와 도움이 되었음을 전해 듣고 저 또한 느낄 수 있었던 그 무엇을 잊지 않으려 저도 마음 한쪽에 소중히 챙겨 두었답니다.
외롭고 우울한 기분이 들 때 그 기분에 속지 말고, 역동적인 움직임으로 5분 안에 바꾸는 것! 함께 기억하고 실천하면 정말 좋겠습니다. 아이유, 땡큐!

46

Interstellar
인터스텔라

<인터스텔라(Interstellar)>(2014)

나밖에 보이지 않는
공감의 세계?

설 명절 연휴 마지막 날 설거지를 하던 저는 마음속 답답함이 섭섭함으로 그리고 이내 짜증으로 폭발할 것 같았습니다. 집 가까이 있는 수목원 혹은 수변공원을 산책하며 얻는 여유와 힐링을 너무 좋아하는 저였지만, 이런저런 사정으로 연휴 기간 동안 단 한 번도 그럴 시간이 없었던 것.

특히 아내의 가게 일을 중간 중간 챙기느라 그냥 지나버린 4일간의 연휴를, 그것도 마지막 마무리로 집 청소와 설거지를 하며 잠자기 전 시간까지 쫓기듯 분주하다는 사실이 믿기지 않았습니다.

결국 원래 설거지 담당인 딸과 청소를 담당하는 아들을 거실로 불러 하소연하듯 불평을 쏟아내고 말았습니다. 이게 뭐냐고. 애초에 아내에게 무슨 일을 하든 난 모른다며, 나도 직장과 일이 있으니 거기에 집중할 수 있도록 배려해 달라 했는데….

게다가 가게 일을 하느라 아내가 하지 못하는 모든 가사를 아들, 딸과 함께 분담하는 것도 왜 이렇게 힘든지 모르겠다는 식이었죠. 하지만 얼마 되지 않아 저는 깨닫게 됩니다.

영화 〈인터스텔라(Interstellar)〉(2014)를 소개합니다.

온통 먼지로 뒤덮여 더 이상 살 수 없는 지구를 떠나 인류를 위한 새로운 행성을 찾기 위해, NASA팀과 함께 우주로 향하는 전(前) 우주비행사 쿠퍼(Cooper)의 이야기를 그린 영화.

> Evolution has yet to transcend that simple barrier. We can care deeply —selflessly— about those we know, but that empathy rarely extends beyond our line of sight.
>
> 진화라는 것이 아직 그 간단한 장벽을 초월하진 못하고 있죠. 우리는 아는 사람들에 대해선 깊이 — 이타적으로 — 배려할 수 있지만, 그 공감하는 마음이 우리가 볼 수 있는 시야를 넘어서까지 뻗는 경우는 거의 없어요.
>
> - <인터스텔라(Interstellar)>(2014)

'공감은 우리가 볼 수 있는 시야를 넘어서지 못한다.' 여기서 말하는 시야, 그 한계는 자신이 아끼는 가정과 가족으로, 이를 초월한 사랑과 공감은 불가능하다는 것이죠. 결국, '자신의 가족을 구하겠다는 마음이 없었다면 단순히 인류를 위해, 험난한 여정을 목숨 걸고 나서지 않았을 것'이란 의미 정도.

장대익 가천대학교 석좌교수가 언급한 '공감의 반경'을 떠올리게 됩니다.

* 장대익 교수는 '우리끼리'만의 깊은 공감이 오히려 혐오를 불러일으키는 것을 경계하고 '타인을 향한 공감의 반경을 넓힐 것을 주문합니다.

문제는 제 시야가 바로 코앞에도 미치지 못해 가까이 있는 가족마저도 그 '반경' 안에 두지 못하고 있다는 충격적인 사실이었습니다. 저를 응원하며 아내가 아낌없이 쏟아 부어 준 그 오랜 세월을 두고, 어리석은 남편은 자신이 누리지 못한 며칠의 시간, 아내가 가게를 시작한 이후의 그 몇 개월이 불편하다며 징징거리고 있었으니…. 잊고 있었던 아내의 희생, 가족 모두를 위한 그녀의 헌신… 무언가 눈을 뜨게 되는 순간이었습니다.

며칠 후 주말 저녁, 평상시보다 더 많은 손님으로 가득 찬 가게에서 열심히 거들고 있을 때 아내는 제게 물었습니다. "어때? 이렇게 일하니까 재미있지?" 미소 한가득, 바보 남편은 정말 진심으로 말했답니다. "응."

많이 늦긴 했지만 이제서야 아내가, 아내의 삶이 조금씩 보이는 것일까요? 내일은 아내와 아들, 딸, 그리고 더 많은 이를 볼 수 있는 제가 되기를…. 제 '공감의 반경'이 그들의 삶에 닿을 수 있기를 바랄 뿐입니다.

CASE: It's not possible.
케이스: 그건 불가능해요.
Cooper: No. It's necessary.
쿠퍼: 그래. (하지만) 그렇게 하는 것이 필요해.

- <인터스텔라(Interstellar)>(2014)

지구로 귀환하기 위해 꼭 필요한 우주선이 폭발사고로 미친 듯 돌고 있는 상황. 이 선체와 도킹하기 위해 똑같이 분당 68회의 회전을 진행하라는 지시를 CASE (AI로봇)는 만류하지만 쿠퍼의 대답은 짧고 강렬합니다.

"불가능한 것 알아. 하지만, 필요하잖아."

필요하지만 불가능해서 포기하는 사람. 불가능하지만 필요하다면 도전하는 사람. 우린 어느 쪽일까요? 사실 우리 삶의 모습은 어느 한쪽으로 많이 치우쳐 있는 탓에 이 찰나의 대사가 더욱 묵직하게 다가옵니다.

What is necessary is never unwise.
필요한 것(을 하는 것)은 결코 틀리지 않아.

- <스타트렉(Star Trek)>(2009)

47
Yesterday
예스터데이

<예스터데이(Yesterday)>(2019)

지금 이 순간 행복함을 느끼는 당신은
이미 성공한 사람

지난 주말 아들 운전 연습 겸해서 시내를 벗어난 교외의 농수산물 시장과 마트에 다녀왔습니다. 꽤 긴 시간의 드라이브였지만 하나도 지루하지 않았고, 운전하는 아들을 보며 느낀 대견스러움. 지나가는 주변 풍경은 또 얼마나 예쁜지….

원하던 고등학교 내신성적도 받고, 꿈꾸던 대학, 바라는 학과에도 진학했지만 그냥 저녁이 있는 삶이면 좋겠다며 모든 것을 내려놓고 9급 공무원의 삶을 선택한 아들.

처음에는 당황스러웠지만, 우리 부부는 응원해 주기로 했습니다. 부끄럽게도 처음에는 주변 지인의 아들처럼 의사나 판검사의 삶이 아니어서 적잖게 안타까운 마음도 있었지만, 평범한 부모를 만나 평범한 삶을 소망하는 아들이 이제는 그저 자랑스럽고 든든할 뿐입니다.

오히려 아들과 딸에게 더 나은 환경과 삶을 제공하지 못한 저의 부족함이 부끄럽고 미안한 지금, 가까이서 그들의 성장을 지켜보고 응원할 수 있어서 감사하고 행복합니다. 아들, 딸과 함께 운전 연습과 저녁 식사를 약속한 이번 주말이 기다려집니다.

영화 〈예스터데이(Yesterday)〉(2019)를 소개합니다.

비틀즈(The Beatles)의 노래를 무명 가수인 잭(Jack) 혼자만 기억하고, 세상 사람들은 전혀 알지 못하는 뭔가 다른 현실 속에서, 잭은 자기가 알고 있는 비틀즈의 명곡들을 하나하나 끄집어내어 노래함으로써 천재 아티스트로 인정받고 일확천금을 벌 기회까지 얻게 되죠.

양심의 가책을 느끼던 그는 우연히 비틀즈의 리더 존 레논(John Lennon)이 다른 삶, 다른 모습으로 살아있음을 알게 되고 그를 찾아가 만납니다.

> Jack: Have you had a happy life?
> 잭: 당신은 행복한 삶을 살았나요?
> John Lennon: Very.
> 존 레논: 아주 많이.
> Jack: But not successful.
> 잭: 하지만 성공적이지는 않은 거죠.
> John Lennon: I just said very happy, that means successful.
> 존 레논: 내가 방금 아주 많이 행복하다고 했는데, 그건 성공적이라는 거죠.
>> Did a job I enjoy, day after day, sailed the world, fought for things I believed in and won a couple of times.
>> 하루하루 내가 좋아하는 일을 했고, 배를 타고 세상을 다녔고, 내가 믿는 것을 위해 싸웠으며 몇 번은 승리도 거두었어요.
>> Found the woman I loved, fought hard to keep her too. Lived my life with her.
>> 사랑하는 여인을 찾았고, 그녀를 지키기 위해 열심히 싸우기도 했고. 그녀와 내 삶을 함께했으니.
>
> - <예스터데이(Yesterday)>(2019)

바로 여기, 다른 현실 속에서 존 레논은 세계적 아티스트가 아니었고, 많은 돈을 벌지도 못했기 때문에 잭은 그가 '성공적'이지 못한 삶을 살았다는 듯 말했고, 존은 이 부분에서 잘못을 분명하게 바로잡아줍니다.

멈칫했던 이 순간, 마음속 찾아온 각성? 그 무엇인가를 저는 놓치고 싶지 않았습니다. 내려놓음? 짓눌림을 벗어난 평안(平安)?

인생의 어떤 시기와 나이가 되면 이만큼의 재산을 모으고, 저만큼의 명예가 내 것이어야 성공이며 행복이라 믿는 우리.

항상 가까이 있었던, 하지만 기대하지 않았기에 미처 알아보지 못했던 오랜 친구, 행복이 말을 건넵니다.

"넌 성공한 인생이야."

Possession make you rich?
I don't have that type of richness. My richness is life, forever.
가진 것이 당신을 부자로 만드나요?
전 그런 식의 부(富)는 없어요. 저의 부(富)는 삶이죠, 영원히.

- 밥 말리(Bob Marley)

* 향년 36세에 암으로 세상을 떠난 레게음악의 전설, 밥 말리(Bob Marley)가 생전에 남긴 말입니다. 2024년 개봉작인 <밥 말리: 원 러브(Bob Marley: One Love)> 끝부분에서 등장하는 그의 인터뷰 장면 속 의역된 자막이 참 와닿습니다. '재산이 있으면 부유한 건가요? 그런 부는 없지만, 삶이 있어 부유하죠.'

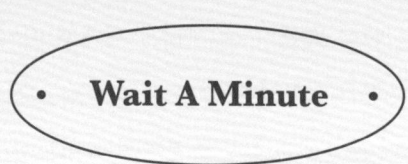

성공하면 행복한 것인지 행복하면 성공한 것인지 궁금증을 품어 보신 적 있나요? 돈과 행복을 불가분의 관계로 보는 듯한 잭에게 존이 깨우쳐 주며 덧붙인 말이 참 와닿습니다.

> You want a good life? It's not complicated. Tell the girl you love that you love her. And tell the truth to everyone whenever you can.
> 좋은(행복한) 삶을 원해요? 그건 복잡하지 않아요. 사랑하는 여인에게 사랑한다고 말하세요. 그리고 할 수 있을 때마다 모든 이에게 진실을 말하세요.
>
> - <예스터데이(Yesterday)>(2019)

사랑하는 사람에게 사랑한다 말하고, 미안한 사람에게 미안하다 말하며, 고마운 사람에게 고맙다 말할 수 있는 것, 그것이 좋은 삶이자 행복한 삶임을 존은 말합니다. 어제 아내와 침대에 나란히 누워 존이 전해 준 이 말과 함께 조용히 사랑한다 말했을 때, 제 손을 꼭 잡아준 아내….

저는 행복했습니다.

그리고 지금 행복합니다.

48
Soul
소울

<소울(Soul)>(2020)

다시 살 기회를 얻은 당신,
어떻게 사실래요?

Today that I have lived in vain is the tomorrow that
a person who died yesterday truly wanted to live.
내가 헛되이 보낸 오늘은 어제 죽은 이가 그토록 갈망하던 내일이다.

- 소포클레스(Sophocles)

삶의 소중함을 일깨워 주는 애니메이션 영화 〈소울(Soul)〉입니다. 중학교 밴드부 담당 교사인 조(Joe)는 오늘 정규직(full-time)으로 전환되었다는 소식을 교장 선생님께 직접 전해 듣습니다. 그런데 그의 기뻐하는 모습에는 어딘가 애매함이 묻어 있습니다. 사실 그는 자신이 원했던 방식으로 삶이 이루어지지 않아 내심 아쉬워하고 있었던 것이죠.

재즈에 대한 뜨거운 열정만큼, 능력 또한 있다고 스스로를 믿지만, 아직 재즈 음악가로서는 무명일 뿐이니까요. 그런 조(Joe)에게 마침내 행운이 다가온 듯했습니다. 유명한 재즈 연주자와 함께 팀을 이루어 자신의 능력을 선보일 기회를 얻게 된 것입니다. 그러나 그는 갑작스러운 사고를 당하게 되고, 이 세상과 사후 세상 사이에 갇혀 버리는 억울한 지경을 당하게 됩니다.

Jerry: So what do you think you'll do? How are you gonna spend your life?
제리: 그래서 어떤 걸 하실 생각이세요? 당신의 삶을 어떻게 쓰시겠습니까?
Joe: I'm not sure. But I do know, I'm gonna live every minute of it.
조: 확실치는 않아요. 하지만 난 알죠, 삶의 모든 순간순간을 제대로 살 거예요.

- <소울(Soul)>(2020)

영화 끝부분에 이르러, 삶의 기회를 다시 얻게 된 조(Joe)의 현답(賢答)입니다.

I'm gonna live every minute of it.

여기서 한 가지, 'live'가 단지 '살아서 숨 쉬는 것'만 의미하는 게 아니라는 것 아시죠? 옥스포드 영영 사전이 말해 주는 'live'의 뜻 중 하나가 'have an exciting or fulfilling life' 즉 '재미있고 신나는, 무언가 의미로 꽉 들어찬 삶을 사는 것'이랍니다. 그런 삶을 꿈꾸는 우리에게 조(Joe)는 이러한 팁을 제공합니다.

Life is full of possibilities.
삶은 온통 가능성으로 가득해요.
You just need to know where to look.
어딜 바라볼지만 알면 되는 거죠.
Don't miss out on the joys of life.
삶의 기쁨을 놓치지 마세요.

Live every minute of it.

삶의 매 순간을 살아가세요.

- <소울(Soul)>(2020)

마지막 장면에서 자신의 집 앞, 문밖으로 내딛는 큰 걸음과 함께, 뉴욕의 공기를 한껏 들이마시는 조(Joe)의 입가에 미소가 가득!

스크린에 비친 그의 미소는 벌써 제 것이 되어 흐뭇한 공감의 순간을 저는 끌어안듯 누리고 있었습니다.

Wait A Minute

이 영화 속에서는 '스파크(spark)'라는 말이 등장인물들 사이에서 참 자주 쓰입니다. 조(Joe)는 이를 '삶의 목적(purpose)' 혹은 우리가 운명적으로 해야 할 것 정도로 내내 생각하고 있었지만 이는 착각이었죠. 영혼들이 이 세상에 태어나기 전 거치는 최종 프로젝트가 자신만의 스파크를 찾는 것으로 영화 속에서 묘사되는 상황이라 저 또한 그렇게 생각하고 있었답니다. 하지만 스파크는 삶 그 자체를, 그 순간순간을 영혼 깊은 곳에서부터 만끽하며 살아갈 수 있는 마음가짐을 의미하는 것이었습니다.

* 스티븐 감바르델라(Steven Gambardella)의 글 The Philosophy of Pixar's 'Soul'을 참고

아직 자신의 스파크를 찾지 못한 이유로 수천 년이 지나도록 이 세상에 태어날 기회를 얻지 못한 등장인물 '22'. 늘 세상을 '바보 같은(dumb)' 곳이라 말하며 살 만한 가치를 도무지 찾지 못했었지만, 잠시 조(Joe)의 몸을 빌려 세상에 내려와 처음으로 피자 맛을 느꼈을 때, 지하철 통풍구에서 나오는 바람을 맞았을 때, 메이플 씨앗이 하늘에서 빙글빙글 내려오는 모습을 보았을 때, 그는 삶의 경이로움을 발견하고 황홀함 가득, 처음 느낀 자신감으로 조(Joe)에게 외칩니다.

Maybe skywatching can be my spark,
or walking, I'm really good at walking!!
어쩌면 하늘을 보는 게 나의 스파크인지도 몰라,
아니면 걷는 것, 난 정말 잘 걷거든!!

무슨 헛소리냐 생각하며 조(Joe)를 포함한 관객 모두가 그냥 지나치는 장면이

지만 영화가 끝나고 한참이 지난 후 우린 알게 됩니다. 22에게 불현듯 떠오른, 수천 년 만의 깨우침이 옳은 것이었음을.

반면, 조(Joe)는 자신이 생각하는 삶의 목적, 유명한 재즈 음악가가 되는 것만 너무 집중한 나머지 아름답고 벅찬 삶의 순간들을 당연하고 진부한 것으로 여기며 그냥 지나치고 있었던 것이죠. 바로 이 부분에 대한 깨달음을 영화 후반부에 이르러 조(Joe)는 비로소 얻게 된 것이었습니다.

노을 진 저녁 하늘이 너무 좋아서 '하늘 보기(skywatching)'가 취미이자 특기인 저도 등장인물 22와 같은 자신감으로 외쳐 봅니다.

Skywatching is my spark.
I'm really good at skywatching!
And it means I am ready to live a good life.
하늘을 보는 게 나의 스파크야.
난 하늘 보는 걸 정말 잘하거든!
그리고 그건 내가 멋진 삶을 살 준비가 되어있음을 의미하는 거야.

Wait A Minute

전 과목에서 1등급이 나올 만큼 우수한 실력임에도 정작 중요한 시험에서는 특정 과목이 3등급 이하로 내려가서 고민하는 학생이 있었습니다. 모든 과목이 거의 정점에 달한 것 같긴 한데, 영화 속 등장인물 22가 스파크를 찾고 있었던 것처럼 그 학생도 확실한 마침표를 찍어줄 무언가를 찾지 못한 가운데 코앞에 닥친 중요한 시험을 앞두고 답답해하며 또한 괴로워하고 있었던 것이죠. 더군다나 최근 2개월 동안 학원에서 치른 모의고사 결과 또한 내리막을 보이는 위기 상황이었습니다.

> You know, lost souls are not that different from those in the zone. The zone is enjoyable, but when that joy becomes an obsession, one becomes disconnected from life.
> 방황하는 영혼들은 zone(무아지경의 상태)에 있는 영혼들과 그다지 다르지 않아. zone이 즐거울 순 있지만 그 즐거움이 집착이 될 때, 그는 삶으로부터 단절되는 거거든.
>
> - <소울(Soul)>(2020)

<소울> 장면 가운데 예술이건 스포츠이건 완전 몰입 심취하여(really into something) 다른 세상에 있는 듯한 무아지경의 상태를 'zone'이라고 정의하는 장면이 나옵니다. 조(Joe)는 음악가들이 흐름을 탈 때 경험하는 영역 정도로만 생각했지만, 비단 음악뿐 아니라 연극과 스포츠에서도 자신마저 놀라게 할 만큼의 환상적인 순간을 경험할 때, 이는 영혼 가득 즐거움이 넘치는 zone에 있을 때라는 것. 하지만 그 순수한 기쁨(joy)이 집착(obsession)으로 변하는 순간 이내 우린 삶과 단절되고 길을 잃게 된다는 것입니다.

"공부 그 자체에서 느낄 수 있었던 쾌감과 즐거움이 지금의 우수한 수준에 이를 수 있었던 비결이 아닐까? 이 소중한 동력이 혹은 집착으로 혹은 강박으로 변질되어 있음은 아닌지 돌아보고 마음의 중심을 잡아 보렴."

순간 반짝이는 눈으로 밝아진 학생의 한마디는 이것이었습니다. "오~~!"

P.S. 열흘 후 있었던 중요한 시험에서 자신의 등급과 흐름을 되찾은 이 학생, 언제 그랬냐는 듯, 이전에 드리웠던 그늘은 간데 없고, 환한 표정으로 제게 말해 주었습니다. "강박에서 벗어나 즐거움을 찾는 것이 정말 많은 도움이 되었어요. 감사합니다!"

Wait A Minute

사후세계(the Great Beyond)에서 우여곡절 끝에 돌아온 조에게 따스한 햇살과 아침 공기는 어떤 느낌이었을까요? 손톤 와일더(Thornton Wilder)의 작품 '우리 읍내 (Our Town)'의 한 장면이 떠오릅니다.

> I can't. I can't go on. It goes so fast. We don't even have time to look at one another. I didn't realize. So all that was going on and we never noticed. Take me back — up the hill — to my grave. But first: Wait! One more look. Good-bye, Good-bye world. Good-bye, Grover's Corners... Mama and Papa. Good-bye to clocks ticking... And food and coffee... and hot baths... and sleeping and waking up. Oh, earth, you are too wonderful for anybody to realize you.
>
> 더는, 더는 못하겠어요. 너무 빨리 지나가 버려요. 우리가 서로를 바라볼 시간조차 없잖아요. 난 깨닫지 못했어요. 모든 게 지나가고 있는데 우리는 전혀 알지 못했어요. 언덕 위의 제 무덤으로 데려가 주세요. 하지만 잠깐만요! 한 번만 더 보고요. 안녕, 세상이여 안녕. 안녕, 그로버즈 코너즈(마을 이름). 엄마, 아빠도. 똑딱이는 시계 소리도, 음식과 커피도 따뜻한 물에 목욕하는 것, 그리고 잠자는 것도 일어나는 것도 안녕. 오, 세상이여, 너는 사람들이 깨닫기에는 너무 좋은 곳이야.

  - 영화 <원더(Wonder)>(2017) 속 연극 장면
  '우리 읍내(Our Town)' 대사 중에서

* 영화 <원더> 속 연극 장면에서는 원작에서 언급되는 엄마의 해바라기 꽃과 새롭게 잘 다려진 드레스에 대한 작별 인사가 생략되었답니다.

아이를 낳다가 세상을 떠난 에밀리는 그녀 삶의 하루를 다시 살 수 있는 기회를 얻어 열두 번째 생일을 선택합니다. 자신의 일생 사후까지의 과정을 다 알고 있는 상태로 돌아온 그녀는 우리가 살아가는 하루하루, 그 평범한 일상이 얼마나 소중하고 아름다운 것인지 사람들이 깨닫지 못하는 것을 안타까워합니다. 아무것도 아닌 듯 그저 스쳐가는 이 모든 순간이 얼마나 벅차고 아름다운 것인지… 원작에서 에밀리가 던진 마지막 질문을 함께 생각해 보는 시간, 어떨까요?

Do any human beings ever realize life while they live it—every, every minute?
매 순간, 순간을 살아가는 동안 인생(의 소중함과 아름다움)에 대해서 깨닫는 사람이 있을까요?

- 손톤 와일더(Thornton Wilder)의 '우리 읍내(Our Town)' 중에서

49
The Wizard of Oz
오즈의 마법사

<오즈의 마법사(The Wizard of Oz)>(1939)

행복의 파랑새를 찾아
먼 여행을 준비하는 당신에게

모리스 마테를링크 원작의 동화 '파랑새'를 아시나요? 행복을 의미하는 파랑새를 찾아서 먼 곳까지 헤매지만, 나중에 돌아와 결국 자신의 집에서 파랑새를 찾게 된다는 이야기인데요. 우리가 찾는 행복이 멀리 있는 게 아니라, 바로 우리 곁에 있다는 메시지를 담고 있습니다. 그런데, 이 동화가 〈오즈의 마법사(The Wizard of Oz)〉(1939)와 맞닿아 있다는 사실을 아시는지요.

> If I ever go looking for my heart's desire again,
> 만약 내 마음이 원하는 것을 다시 찾아 나선다면,
> I won't look any further than my own back yard.
> 저는 우리 뒷마당보다 더 멀리 찾아가지는 않을 거예요.
> Because if it isn't there, I never really lost it to begin with!
> 만약 거기에 찾는 것이 없다면, 애초에 내가 잃은 것이 아닐 테니까!
> Is that right?
> 맞죠?
>
> - <오즈의 마법사(The Wizard of Oz)>(1939)

영화의 거의 끝부분에 이르러 '무엇을 배웠니?'라는 물음에 도로시

(Dorothy)가 대답한 것입니다. 〈오즈의 마법사(The Wizard of Oz)〉(1939)는 프랭크 바움(Frank Baum)의 동명 소설을 영화화한 작품으로 회오리바람에 집이 날아가 이상한 세계에 도착한 도로시가 허수아비(The Scarecrow), 양철나무꾼(The Tin Man), 겁쟁이 사자(The Cowardly Lion)와 함께 그들이 각각 원하는 지혜, 사랑, 용기, 그리고 캔자스에 있는 자신의 집으로 돌아가는 방법을 찾기 위해 함께 하는 모험 이야기입니다.

지혜를 가지고 싶어 하는, 하지만 이미 누구보다 영리한 능력을 발휘하는 허수아비. 따뜻한 마음의 심장을 갖고 싶어 하는, 하지만 이미 따스한 사랑의 마음을 가진 양철 나무꾼. 겁이 많아 용기를 갈망하는, 하지만 결정적 순간 친구를 구하는 담대함을 가진 사자. 마지막으로, 그리운 집으로 돌아갈 방법을 찾고 있는, 하지만 이를 눈 깜박할 사이에 해결해 줄 마법의 구두를 모험 시작 때부터 줄곧 신고 있었던 도로시까지. 그들이 바라고 있던 소망과 그 해답들이 결코 멀리 있지 않았던 것이죠.

> Somewhere over the rainbow, bluebirds fly
> 무지개 너머 어딘가, 파랑새들이 날아다니는 곳
> Birds fly over the rainbow, why then, oh why can't I?
> 파랑새들은 무지개 위로 날아다니는데, 왜 나는 그럴 수 없을까요?
>
> - <오즈의 마법사(The Wizard of Oz)>(1939)
> 영화 속 노래 'Over The Rainbow' 중에서

애초에 도로시가 찾으려 했던 것은 아무 걱정이나 골칫거리 없이 지낼 수 있는 행복한 곳이었고, 도로시는 무지개 너머 어딘가를 꿈꾸며 노래합니다.

그러나, 힘든 과정 이후 비로소 깨닫게 되는 건, 이것이 다름 아닌 헨리(Henry) 삼촌과 엠(Em) 숙모 곁, 바로 가장 가까운 곳에 있었다는 사실이었습니다. 파랑새 동화처럼, 도로시는 자신이 원하는 것이 아주 가까운 곳에 있다는 것을 몰랐던 것이죠.

우린 진짜 가치 있다고 여기는 것을 차지하기 위해, 분주한 삶을 치열하게 살아갑니다. 하지만 끝에 이르는 순간 알게 되죠. 우리 마음 깊은 곳에서 진심으로 원했던 것이 결코 멀리 있지 않았음을. 동경의 대상을 좇아 이리저리 방황만 거듭하다 세월이 흘러뒤늦게 깨닫는 것은, 그것을 가리키는 길이 돌고 또 돌아 결국 우리의 집을 향하고 있다는 것입니다.

혹시 행복을 찾고 계시나요? 당신을 사랑하고, 당신이 사랑하는 사람 곁을 떠나 그것을 찾으려 한다면, 이는 도로시의 실수를 반복하는 것이 아닐는지. 행복의 파랑새는 가까이에 있습니다. 도로시가 너무나 보고 싶어 했던 가족, 헨리 삼촌과 엠 숙모처럼 말이죠.

Wait A Minute

도로시가 캔자스 집으로 돌아올 수 있었던 것은 착한 마법사 글린다(Glinda) 덕분이었습니다. 순간 이동을 준비하는 도로시에게 머릿속으로 생각하고 말하라 했던 특별한 주문이 무엇이었을까요? 힌트를 살짝 드리자면, 마지막 장면에서 도로시가 초롱초롱한 눈으로 엠 숙모를 바라보며 한 번 더 이 말을 했답니다.

> There is no place like home!
> 집만 한 곳은 없어요!

맞습니다.
사랑하는 가족이 함께하는 집만 한 곳은 없습니다.

> If more people valued home above gold,
> this world would be a merrier place.
> 더 많은 사람이 금보다 집(가정)을 소중히 여긴다면,
> 이 세상은 더 행복한 곳이 될 텐데.

* 영화 <호빗: 다섯 군대 전투(Hobbit: The Battle of the Five Armies)>에서 탐욕과 광기에 사로잡혀 지낸 인생의 마지막 순간, 소린 오큰실드(Thorin Oakenshield)가 회한 가득 남긴 말입니다.

I remember when I was your age, they used to say,
'you work hard, and you live by the rules… the money will come,
the things will come, that those things will complete you.'
They won't…
You work so hard trying to get there.
You forget about what's right here.

내가 너희들 나이였을 때, 사람들이 이렇게 말했던 걸 기억한단다,
'열심히 일하고, 규칙대로 살면… 돈이 들어오고,
많은 것들을 얻게 될 거다, 그것들이 널 완전하게 만들어 줄 거야.'라고.
그렇지 않아…
(원하는) 그곳에 도달하기 위해 너무 열심히 노력하느라.
바로 여기 있는 (소중한) 것을 (정작) 잊어버리게 되는 거야.

- <인 더 하이츠(In the Heights)>(2021)

넉넉하지 못한 삶이지만 작은 꿈을 붙들고 살아가는 사람들의 이야기를 그린 영화 <인 더 하이츠(In the Heights)>(2021). 어릴 때 미국으로 이민을 와서 작은 가게를 운영하며 살아가는 성실한 청년 우스나비(Usnavi)가 동네 아이들에게 이 말을 할 때 울컥하는 듯한 그의 모습을 보며, 어딘가 닮은 가슴 먹먹함으로 지난날을 돌아봅니다.

    미쳤다는 말을 들을 만큼 노력했고 지켜야 할 것을 최대한 지키며 살아왔지만, 많은 것들로 채워진 소위 '완전한 삶'의 약속은 아직…

    혹시 제가 찾는 '파랑새'도 아주 가까이에서 언제나 함께하고 있었던 건 아닐까요?

50
A River Runs Through It
흐르는 강물처럼

<가사는 강물처럼(A River Runs Through It)>(1992)

완전한 이해가 없어도 가능한 완전한 사랑

가게를 운영하느라 아내는 요즘 너무 분주합니다. 꽃을 좋아하고 운동을 즐겨 하며, 수변공원이나 수목원을 찾아가 계절이 오가는 것을 지켜보며 삶을 아름답게 누릴 줄 아는 사람이지만, 부족한 남편을 둔 죄로 그 모든 것을 잠시 접었습니다. 정오 즈음부터 자정이 지나서까지 혼자서 재료 준비와 조리, 설거지와 가게 정비까지, 집에 오면 씻고 바로 쓰러져 잠이 드는 아내….

딸은 말합니다. '엄마가 몸을 갈아 넣고 있다.'고. 부끄럽게도 저는 초저녁까지 학원 일을 한 후 아내 가게 일을 도와주는 것이 부담스러웠고, 공무원 일을 이제 막 시작한 아들, 학점 관리와 취업 준비로 분주한 딸 또한 각자의 사정을 뒤로하고 온전히 가게 일에 함께하는 것이 쉽지 않아 아내는 적잖이 서운해 했습니다.

하지만 얼마간의 버거웠던 시간이 지나고 어눌한 저도 아주 조금씩, 그리고 아이들도 스스로 짬을 내어 저보다 훨씬 더 많이 가게 일을 돕기 시작했습니다. 고맙다는 말에 녀석들이 이렇게 말하더군요. "우린 가족이잖아요."

영화 <흐르는 강물처럼(A River Runs Through It)>(1992)을 소개합니다. 낚시 장면을 담은 포스터, 그리고 영화 후반부, 아버지와 두 아들이 큰 무지개 송어를 잡고 함께 기뻐하는 장면이 참 아름답고 훈훈하게 다가오는 영화입니다.

학구파로서 글쓰기를 좋아하는 노먼은 대학 졸업 후 교수가 되고, 동생 폴은 기자가 되었지만 도박과 술에 빠져 빚도 많이 밀린 상태. 이를 알게 된 노먼은 동생을 어떻게든 돕고 싶어 하지만, 폴은 상황이 극한으로 치닫기까지 어떤 도움도 허락하지 않습니다. 결국 폴은 비극적인 죽음에 이르지요. 아들 폴의 사망 이후 아버지 맥클레인 목사는 자신의 마지막 설교에서 말합니다.

> It is true, we can seldom help those closest to us. Either we don't know what part of ourselves to give or, more often than not, the part we have to give is not wanted. And so it those we live with and should know who elude us. But we can still love them - we can love completely without complete understanding.
>
> 우리에게 가장 가까운 사람들을 우리가 좀처럼 돕지 못하는 것이 사실입니다. 우리의 어떤 부분을 주어야 할지 모르거나, 아니면 흔히 우리가 내어주기 위해 가지고 있는 부분을 (가까운 사람들이) 원하지 않는 것이지요. 그래서 바로 우리가 함께 살고 있으며 당연히 알아야 하는 그들을 우린 이해하지 못한다는 것입니다. 하지만 우린 그래도 그들을 사랑할 수 있습니다 — 완전한 이해 없이도 우린 완전하게 사랑할 수 있는 것입니다.
>
> - <흐르는 강물처럼(A River Runs Through It)>(1992)

헌신적인 아내, 성실하고 착한 아들, 센스와 재능이 넘치는 딸까지. 부족한 저에게 너무나 과분한 가정이지만, 사실 저희도 여느 가정과 다름없이 갈등을 겪기도 하고, 서로를 이해하는 것에 어려움을 겪을 때 또한 많습니다. 하지만 저희는 아무 문제 없이 서로를 사랑하고 응원할 수 있습니다. 완전한 이해 없이도 완전한 사랑을 할 수 있으니까요.

그리고 가족이니까요.

Nothing perfect lasts forever, except in our memories.
우리의 기억 속을 제외하고는, 완벽한 어떤 것도 영원히 지속되진 않는다.

〈흐르는 강물처럼〉 영화 포스터 속 제목 바로 위에 쓰인 문구입니다. 동생 폴이 엄청나게 큰 무지개 송어를 잡고 아버지와 두 형제가 함께 자축하며 기념사진을 찍는 순간 노먼은 예술작품에서나 가능한 완벽함을 자신이 목격하고 있음에 감격합니다. 하지만 잠시 후 이런 말을 덧붙입니다.

'Life is not a work of art, and the moment could not last.'
'삶은 예술 작품이 아니며, 그 순간이 (영원히) 지속될 수는 없다.'

아내의 가게 일 관련 서로의 갈등이 눈 녹듯 사라지고 훈훈함으로 하나 되었던 그 완벽의 순간이 얼마 지나지 않아 언제 그랬냐는 듯, 크고 작은 시련들은 낯익은 모습과 비슷한 상황으로 다시 찾아와 저희를 시험했습니다. 그리고 앞으로도 그러할 수 있음을 알고 있습니다. 그 위기의 순간마다 기억할 것입니다. 비록 서로를 완전하게 이해하거나 모든 것을 알 수는 없을지라도 서로를 안아 줄 수 있고 완전하게 사랑할 수 있다는 것을.
우린 가족이니까요.

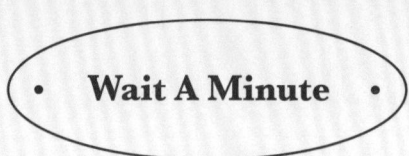

Wait A Minute

"우리 챨리도 옛날에는 얼굴에 빛이 나고 반짝반짝했는데…."

* 챨리는 아내가 저를 부를 때 쓰는 애칭입니다.

언젠가부터 아내가 한 번씩 던지는 말입니다. 한때 나름의 반짝임이 있었음을 추억하며 흐뭇해하기보다 세월이 지나 달라진 모습을 인정하고 조금씩 가라앉는 마음. 이때마다 떠올리는 것이 있습니다.

〈흐르는 강물처럼〉이 제게 안겨 준 또 하나의 인생 장면. 외출했다가 돌아온 아들 노먼은 아버지 맥클레인 목사가 낭송하는 시를 듣고 그 시의 구절을 서로 주고받으며 무언가 다른 차원의 교감을 보여 줍니다.

> Though nothing can bring back the hour
> Of splendour in the grass, of glory in the flower;
> 비록 초원의 찬란함, 꽃의 영광이 함께했던
> 그 시간을 아무것도 되돌려 줄 수 없지만
> We will grieve not, rather find Strength in what remains behind;
> 우리는 슬퍼하지 않고, 오히려 뒤에 남아있는 것에서 힘을 찾으리라
> In the primal sympathy Which having been must ever be;
> 이전에도 있었고 앞으로도 영원히 있을 원초적 공감 속에서
> In the soothing thoughts that spring
> Out of human suffering;
> 인간의 고통에서 샘솟는 위안의 마음들 속에서

> In the faith that looks through death
> 죽음을 초월하여 바라보는 믿음 속에서

* Daum 카페 글(https://m.cafe.daum.net/zenobiaa/Rtow/28)을 참고했습니다.

어떤 이유에선가 특정 부분을 생략하고 건너뛰어 어느새 시의 마지막 부분, 마지막 구절을 함께 낭송하며 서로를 바라보는 그들.

> Thanks to the human heart by which we live,
> 우리가 의지하여 살아가는 인간적인 마음 덕분에,
> Thanks to its tenderness, its joys, and fears,
> 그 마음의 부드러움, 기쁨, 그리고 두려움 덕분에,
> To me the meanest flower that blows can give
> 피어나는 가장 소박한 꽃마저도 나에게는
> Thoughts that do often lie too deep for tears.
> 그저 눈물 흘리기엔 너무나 깊은 곳에 놓인 생각들을 안겨주네.

* Daum 카페 글(https://m.cafe.daum.net/zenobiaa/Rtow/28)을 참고했습니다.

그들이 나눈 것은 윌리엄 워즈워스(William Wordsworth)의 「송시(頌詩): 불멸의 암시(Ode: Intimations of Immortality)」 중 '초원의 빛(Splendor in the Grass)'이라고 불리는 부분과 전체 송시(Ode)의 마지막 부분이었죠. 두 사람은 어떤 메시지를 함께 나눈 것일까요?

'초원의 빛'은 찬란했던 젊음이 훌쩍 지나버린 노년이 그저 애처롭고 쓸쓸하다기보다 힘이 되는 행복의 원천으로 충만한 것임을 상기시켜 줍니다.

한창때의 반짝임이, 찬란함이 그리고 그 영광이 사라진 후에도 우리는 삶의 고통 '덕분에' 이를 함께 겪는 사람들이 서로를 안아 주며 위로하는 그 속에서 힘을 얻는다는 것이죠.

송시의 마지막 부분 메시지는 삶의 심오함에 눈을 뜨게 합니다. 우리가 의지해 살아가는 인간적인 마음, 그것이 주는 부드러움과 즐거움, 두려움 덕분에 우리는 소박한 한 송이 꽃에서도 삶에 대한 감사와 환희를 느낄 수 있다는 것. 저는 왠지 영화 속 그들이 건너뛴 '초원의 빛' 마지막 구절이 특별하게 다가옵니다.

> In years that bring the philosophic mind.
> (성숙한) 철학적 (달관의) 마음을 가져다주는 세월 속에서

* Daum 카페 글(https://m.cafe.daum.net/zenobiaa/Rtow/28)을 참고했습니다.

나이가 들며 오로지 세월과 힘께 일을 수 있는 '철학석 사색의 마음'으로 인생을 관조할 수 있는 지혜와 행복, 그 축복된 힘으로 서로를 꼭 안아 주는 우리 세상은 얼마나 아름다울까? 마음 가득 진심 행복한 상상을 하며….

> Teach us to number our days,
> that we may gain a heart of wisdom.
> 우리의 일생이 얼마나 짧은지 헤아릴 수 있게 하셔서
> 우리가 지혜로운 마음을 얻게 하소서.
>
> — 시편 90편 12절

EPILOGUE

You feel so lost, so cut off, so alone, only you're not.
See, in all our searching, the only thing we've found that makes the emptiness bearable, is each other.
당신은 너무나 길 잃고, 단절되고, 외롭다고 느끼지만, 사실 그렇지 않아요. 우리가 찾은 그 모든 것 중에서, 공허함을 견딜 수 있게 해주는 유일한 것은 서로랍니다.

- <콘택트(Contact)>(1997)

주위를 둘러봅니다.
답답한 고집불통, 도무지 답이 없는 바보 남편의
곁을 지키며 안아 준 아내,
금수저, 은수저를 안겨 주지 못한 못난 아빠를
사랑으로 안아 주는 아들과 딸,
안부 인사마저 뜸한 무심한 사람을
언제든 반겨 안아 주는 본가와 처가 식구들,
고향 큰 나무처럼 만날 때마다
따뜻한 위로로 안아 주는 친구들,
숨 가쁜 하루하루 뒤처지지 않도록
밀어 주고 안아 주는 직장 동료들까지.
이제 제가 안아 줄 차례입니다.

작가 인터뷰

이 책을 쓰게 된 구체적인 계기는 무엇인가요?

"솔직히 놀랍다. 네가 어떻게 그 순간들을 다 지나왔는지 모르겠다. 난 매번 '이번만큼은 무너지겠구나' 생각했는데…"

며칠 전 고향 친구가 저에게 한 말입니다. 강하지 못한 멘탈로, 저는 부끄럽게도 위기와 스트레스 상황에 참 약했던 것 같습니다. 그런 저를 고비 때마다 붙들어 주고 일으켜 세워 준 수많은 영화들.

그 세월을 이겨내고, 지금 저는 최근 10여 년간의 치열했던 생존게임을 지나, 30년 가까이 기다린 놀라운 결실을 코앞에 두고 있습니다.

돌아보면 정말 기적이나 다름없는 지난 세월의 여정을 책으로 공유하여, 닮은 고뇌를 짊어지고 살아가는 많은 분에게 위로와 힘이 될 수 있었으면 하는 바람으로 그 사연들을 모아봤습니다.

책을 통해 어떤 메시지를 전하고 싶으셨나요?

평범한 삶, 비슷한 고민을 안고 살아가는 '우리'를 위한 책입니다. 감당하기 벅찬 현실도, 한계를 시험하는 고통마저도, 어쩌면 모두 우리의 성장을 위한, 성숙을 가능케 하는 '꼭 필요한' 친구가 아닐까 생각합니다.

나이가 들며 오로지 세월과 함께 얻을 수 있는 지혜와 거기서 얻는 행복, 그 축복된 힘으로 서로를 꼭 안아주는 우리 세상은 얼마나 아름다울까요? 그 세상을 함께 이루고, 함께 누리는 '우리'가 되길 소망하고 응원합니다. 마음 가득 진심 행복한 상상을 하며….

(*책에 담긴, 영화 〈흐르는 강물처럼(A River Runs Through It)〉(1992) 가운데 'Wait A Minute'의 일부분을 살짝 인용했습니다.)

책 곳곳에서 작가님의 따뜻한 마음이 느껴졌습니다. 특히 제목에 얽힌 이야기가 궁금합니다.

'예전에는 모두가 서툴렀던지라 좀 삐걱댔을지 몰라도 지금의 아빠는 너무 좋은 아빠라고 말해주고 싶어요… 이런 말마저도 마음에 부담이 될 수 있겠지만. 아무튼 아기도 아니고 이 나이에 생일이 무슨 의미가 있나 싶어도 서로 평소에 못하던 말할 수 있고 이렇게 한 번 더 사랑한다고 말할 수 있는 날이 있다는 게 좋은 거 같아요. 아빠, 여전히 사랑하고 또 감사합니다~ ✕ ♡♡
응원하고 있습니다. 오늘도 파이팅. 아자자~!

2024. 9. 11. 딸래미'

올해 스물여섯 생일을 맞은 딸이 자신의 생일을 맞아 오히려 저에게 써 준 편지 일부입니다. 방향을 잃고 아내와 아이들을 힘들게 했던 그 시절을 뒤로하고, 오히려 저를 사랑으로 안아주는 딸. 아침 일찍 출근하기 전 책상에 놓인 편지를 읽고 얼마나 행복했는지… 세상 누구도 부럽지 않았습니다.

'Epiphany'라는 단어가 있습니다. 네이버 사전에는 '(어떤 사물이나 본질에 대한) 직관, 통찰'이라고 나오는데요. 저는 옥스퍼드 사전 속 정의 중 하나인 '갑작스러운 깨달음과 통찰의 순간(a moment of sudden revelation or insight)'으로 많이 활용합니다.

딸의 편지를 읽은 순간의 그 눈 부신 햇살 같은 느낌은 제게 깨달음을 안겨줍니다. 바로 이 책의 에필로그에서 언급한 소중한 그들이죠.

'바보 남편 곁을 지키며 안아준 아내, 못난 아빠를 사랑으로 안아주는 아들과 딸, 무심한 사람을 언제든 반겨 안아주는 본가와 처가 식구들, 고향 큰 나무처럼 위로로 안아주는 친구들, 뒤처지지 않게 밀어주고 안아주는 직장 동료들까지.'

예, 이제 제가 안아 줄 차례입니다.

그래서, 그 마음을 제목으로 정했습니다.

아내 분을 향한 사랑이 느껴지는 글들이 무척 인상적이었는데요. 작가님에게 사랑이라는 가치는 어떤 의미인가요?

말씀하신 아내에 대한 사랑이 어떤 걸까 먼저 생각해 봤습니다.

젊은 시절 만나 철없이 '그냥 좋아하는 감정'이, 차츰 삶의 굴곡을 함께 거치면서, 그만큼의 '애틋함, 고마움, 미안함'이 더해진, 단순한 정(情)의 차원을 훨씬 넘어선, 그녀를 안아줄 수 있을 만큼의 성숙한 마음인 듯…

대한민국의 최고령 수필가, 철학자, 그리고 연세대학교 명예교수이신, 김형석 교수님의 말씀이 생각납니다. '사랑이 있는 수고가 행복이다.' 수고스러운 삶마저도 행복으로 승화시키는 사랑이야말로, 곧 우리의 존재가치, 그 자체가 아닐까요?

작가님의 삶에 가장 큰 영향을 준 영화에 대해 들려주세요.

어떤 분들은 'B급 영화'로 치부하며 폄하(貶下)하시는 경우도 있지만, 제겐 분명 인생 영화로 빼놓을 수 없는 〈록키(Rocky)〉 시리즈가 있습니다. 책에서 언급된 것처럼 학교를 사직한 후 대형학원에서의 첫해, 그냥 모든 것을 포기하고 도망치고 싶었던 그 숱한 순간들을 버텨내고 이겨내도록 지켜주었던 말, 'Going in one more round when you don't think you can. That's what makes all the difference in your life.(도저히 할 수 없겠다 싶을 때 한 라운드 더 걸어 들어가는 것. 그것이 너의 삶에서 모든 차이를 만들어 내는 것이란다.)' 〈록키 IV(Rocky IV)〉(1985)에서 록키가 아들에게 해 준 이 말은, 하나님께 드리는 기도 다음으로, 제가 그 한 해뿐만 아니라, 이후 모든 도전에서 겪어야 했던 고비를 넘어서는 가장 큰 힘이 되었습니다. 록키 6편에 해당하는 〈록키 발보아(Rocky Balboa)〉(2006)에서는 최근 영화 〈스턴트맨(The Fall Guy)〉(2024)에서 직접 인용되기도 하는, 특별한 인생 문구가 있지만 그건 다음 기회에 말씀드리죠.

영어 교육에 영화를 적극적으로 활용하게 된 계기가 궁금합니다.

언젠가 수업 중 자신이 알고 좋아하는 영화가 예문과 함께 언급되자, 표정이 확 밝아지는 학생을 본 적이 있습니다. '그래, 이거구나!' 그 이후 본격적으로 작업을 시작하게 되었던 것 같습니다.

    1930년대부터 2020년대까지 거의 100년에 걸친, 우리 시대 모든 영화를 다 아울러, 그 속에 담긴 차고 넘치는 흥미와 감동으로, 영어의 문턱을 낮추고자 하는 바람이 있습니다. 지금은 거의 제 인생 사명이죠.

영화가 작가님의 교육 철학에 어떤 영향을 주었나요?

"교과 내용 잘 가르치는 건 당연한 기본이죠!"를 외치는 선생님이 있습니다. 한국사 일타강사로 통하는 전한길 선생님인데요. 단순한 지식 제공을 넘어 성공과 행복, 인생에 대한 지혜까지 함께 전하는 수업을 지향하신다 들었습니다.

    20여 년간 학교 현장과 입시학원에서 영화를 활용한 수업을 진행하며, 학생들의 응원과 함께 자연스레 완성된 현재의 패턴은, 정확하게 전한길 선생님의 교육철학과 흐름을 같이하는 것 같습니다.

책에 언급된 영화 대사는 어떻게 선별하셨나요?

영화를 보는 당시 제가 처한 상황에서 분명 강한 감동과 응원이 되었던 말들을 정리한 것 같습니다. 보는 동안 그 순간의 임팩트와 감동이 실시간으로 바로 느껴지는 경우도 있지만, mp3 파일로 음악처럼 평상시 반복해서 듣다 보면 어느 순간 갑자기 '아!' 하며 뒤늦게 깨치게 되는 인생 문구도 꽤 있습니다. 애니메이션 영화 〈소울(Soul)〉(2020)에 나오는 대사, "Maybe skywatching can be my spark, or walking, I'm really good at walking!" 도 그 중에 하나일 수 있겠습니다. 처음에는 '뭔 헛소리?' 하는 느낌으로 지나칠 뿐이지만, 결국 그게 아니란 걸 한참이 지나 알게 되죠.

책을 쓰는 동안 가장 어려웠던 점은 무엇이었나요?

수업 중 학생들과 이미 공유된, 분명 머릿속에 깔끔하게 정돈되어 준비된 '스토리텔링'임에도 불구하고, 띄어쓰기를 포함한 맞춤법 등, 독자들이 편안하게 수용할 수 있는 언어와 표현으로 담아내는 과정이 쉽지 않았습니다. 이번 첫 출간의 과정에서 많이 배웠습니다.

책을 쓰면서 작가님 자신에 대해 새롭게 발견한 것이 있나요?

작가라기보다는 '스토리텔러(storyteller)'로서의 새로운 정체성을 더하게 된 것 같습니다. 사실, 아직도 이번 책에 못지않은 많은 이야기가 남아 '안아주기 2편'도 벌써 1편처럼 내용과 구도가 정비되어 이번 출간이 멋지게 마무리된 후 작업을 시작할 계획입니다.

그리고 한 가지 더.

'책을 쓰고 나면, 그 책이 나를 그리고 내 삶을 거기에 걸맞게 써주는구나.'

라는 사실입니다. 마치 '네가 이렇게 썼으니, 그렇게 살아야지'라는 책임감이 나름 묵직하면서도 든든하게 이끌어주는 체험을 지금도 하고 있습니다.

살다 보면 많은 것들에 익숙해지면서 감성이 무뎌지게 되는데, 감성적인 시선을 지키는 작가님만의 비결이 궁금합니다.

말씀 주신 것처럼 제 감성이 정말 온전하고 무뎌지지 않았다면, 이는 영화 속 수많은 멘토의 당부와 모범이 자연스럽게 각인되어 있음이 아닐까 생각합니다. 영화 속 그들의 감성이 저를 계속 깨어있게 한다고나 할까요?

마지막으로 독자들에게 한마디 해주세요.

소박하지만 진솔한 제 이야기가 여러분을 안아줄 수 있기를, 그리고 여러분이 더 많은 '우리'를 위로하고 안아줄 수 있기를 진심으로 기원합니다.

작가 홈페이지

안아주기

50편의 영화 대사가 들려주는 용기와 희망의 메시지

발행일 2024년 11월 7일

지은이 박영랑
펴낸이 마형민
기획 신건희
편집 곽하늘 강채영 최지민
디자인 김안석
펴낸곳 (주)페스트북
주소 경기도 안양시 안양판교로 20
홈페이지 festbook.co.kr

ⓒ 박영랑 2024

ISBN 979-11-6929-607-6 03810
값 19,000원

* 이 책은 저작권법에 의해 보호를 받는 저작물이므로 무단 전재와 무단 복제를 금합니다.
* (주)페스트북은 작가중심주의를 고수합니다. 누구나 인생의 새로운 챕터를 쓰도록 돕습니다.
  creative@festbook.co.kr로 자신만의 목소리를 보내주세요.